Friedrich Dürrenmatt
*Werkausgabe
in dreißig Bänden*

*Herausgegeben
in Zusammenarbeit
mit dem Autor*

Band 9

Friedrich Dürrenmatt

*Der Meteor
Dichterdämmerung*

*Nobelpreisträgerstücke
Neufassungen
1978 und 1980*

Diogenes

Umschlag: Detail aus ›Auferstehung‹ von Friedrich Dürrenmatt.
Das Hörspiel *Abendstunde im Spätherbst* erschien erstmals in Akzente 4/1957. Copyright © 1959, 1980 by Peter Schifferli, Verlags AG ›Die Arche‹, Zürich.
Film-, Funk- und TV-Rechte: Peter Schifferli, Verlags AG ›Die Arche‹, Zürich.
Die Komödie *Der Meteor* erschien erstmals 1966 im Verlag der Arche, Zürich. Copyright © 1966, 1980 by Peter Schifferli, Verlags AG ›Die Arche‹, Zürich.
Die vorliegende Fassung von *Der Meteor* hat Friedrich Dürrenmatt 1978 für seine Inszenierung des Stücks am Theater in der Josephstadt, Wien, geschrieben.
Dichterdämmerung ist die 1980 geschriebene Dramatisierung von ›Abendstunde im Spätherbst‹.
Aufführungs-, Film-, Funk- und TV-Rechte:
Weltvertrieb: Theaterverlag Reiß AG, Bruderholzstraße 39, CH-4053 Basel.
Vertrieb für Deutschland: Felix Bloch Erben, Verlag für Bühne, Film, Funk, Hardenbergstraße 6, D-1000 Berlin 12.
Vertrieb für Österreich: Theaterverlag Eirich GmbH, Lothringerstraße 20, A-1030 Wien.
Redaktion: Thomas Bodmer.

Berechtigte Lizenzausgabe mit freundlicher Genehmigung
der Verlags AG ›Die Arche‹, Zürich
Alle Rechte an dieser Edition vorbehalten
Diogenes Verlag AG Zürich, 1980
120/80/8/1
ISBN 3 257 20839 1

Inhalt

Der Meteor
Eine Komödie
Erster Akt 11
Zweiter Akt 54

Dichterdämmerung
Eine Komödie 97

Anhang
Voraussichtliches zum ›Meteor‹ 159
Zwanzig Punkte zum ›Meteor‹ 159
Schluß der ersten Fassung des ›Meteors‹ 163
Über ›Unverbindlichkeit‹ 167
Notiz zur ›Dichterdämmerung‹ 168
Abendstunde im Spätherbst. Ein Hörspiel 169
Aus Richard Wagners ›Götterdämmerung‹ 197
(3. Aufzug, 3. Auftritt)

*Allgemeine Anmerkung
zu der Endfassung 1980 meiner Komödien*

Es ging mir, im Gegensatz zu den verschiedenen Fassungen, die vorher einzeln im Arche-Verlag erschienen sind, bei den Fassungen für die Werkausgabe nicht darum, die theatergerechten, das heißt die gestrichenen Fassungen herauszugeben, sondern die literarisch gültigen. Literatur und Theater sind zwei verschiedene Welten: Außer den Komödien, die ich nur für die Theater schrieb, *Play Strindberg* und *Porträt eines Planeten,* die Übungsstücke für Schauspieler darstellen und die ich als Regisseur schrieb, gebe ich im Folgenden – die ersten Stücke tastete ich nicht an – die dichterische Fassung wieder, eine Zusammenfassung verschiedener Versionen.

F. D.

Der Meteor

Eine Komödie in zwei Akten
Wiener Fassung 1978

Für Leonard Steckel

Personen

Wolfgang Schwitter	*Nobelpreisträger*
Olga	*seine Frau*
Jochen	*sein Sohn*
Carl Conrad Koppe	*sein Verleger*
Friedrich Georgen	*Starkritiker*
Hugo Nyffenschwander	*Kunstmaler*
Auguste	*dessen Frau*
Emanuel Lutz	*Pfarrer*
Der große Muheim	*Unternehmer*
Professor Schlatter	*Chirurg*
Frau Nomsen	*Geschäftsfrau*
Glauser	*Hauswart*
Major Friedli	*von der Heilsarmee*
Schafroth	*Polizeiinspektor*

Kritiker, Verleger, Polizisten, Heilsarmisten

Geschrieben 1964
Uraufführung am 20. Januar 1966
am Schauspielhaus Zürich

Erster Akt

Möbliertes Atelier. Links und rechts im Hintergrund je eine große Nische mit abgeschrägtem Atelierfenster und eingebautem Klappfenster. Hinter dem linken Fenster eine Kirchturmspitze, hinter dem rechten Baukräne, Himmel. Es ist Sommer, der längste Tag, nachmittags, drückend, schwül. Vor der linken Nische eine Staffelei, in der Nische Gestelle mit Farben, Pinseln, Geschirr usw. In der Mitte, zwischen den Nischen, eine Tür; die einzige Auftrittsmöglichkeit also. Hinter der Tür ein kleiner Korridor, dann eine steile Treppe. Bei offener Tür sieht man die Leute heraufkommen. Rechts neben der Tür in der Nische eine Kommode. Links neben der Tür ein Spülbekken mit einem Wasserhahn, eine primitive Kochgelegenheit. Ganz links vorne an der linken Seitenwand ein Aktbild. An der rechten Seitenwand ein Bett, parallel zur Rampe gerichtet, links und rechts vom Kopfende zwei alte Stühle, hinter dem Bett eine spanische Wand, dahinter in einem Waschkorb die Zwillinge. Aktbilder hängen und stehen herum. Links und rechts zwei Eisenöfen, mit einem phantastischen Ofengeröhre, das nach einigen Umwegen in der Mitte des Ateliers, oberhalb der Tür, in der Decke verschwindet. Auch sind Schnüre gespannt mit Windeln. Vor dem linken Ofen ein alter wackliger Lehnstuhl, daneben ein alter runder, etwas schiefer Tisch. An der Staffelei arbeitet in der Badehose der Maler Nyffenschwander an einem Akt. Das Modell, Auguste Nyffen-

schwander, seine Frau, liegt nackt, mit dem Rücken gegen das Publikum, auf dem Bett. Die Tür zum Treppenhaus weit geöffnet. Rechts neben der Tür auf einem Brett ein kleines Radio: klassische Musik.

NYFFENSCHWANDER Stillhalten, Auguste!

Ende der Musik; Text des Sprechers: »Anläßlich des Todes des Literatur-Nobelpreisträgers Wolfgang Schwitter hörten Sie die Variation für Flöte und Cembalo über den Choral ›Morgenglanz der Ewigkeit‹ von Christoph Emanuel Bach.« Nun spricht Friedrich Georgen.

FRIEDRICH GEORGEN Freunde. Wolfgang Schwitter ist tot. Mit uns trauert die Nation, ja die Welt; ist sie doch um einen Mann ärmer, der sie reicher machte. Man wird ihn übermorgen mit jenem –

Schwitter kommt die Treppe herauf, betritt das Atelier. Er ist unrasiert. In einem kostbaren Pelz trotz der mörderischen Hitze. Die Taschen voller Manuskripte. Trägt zwei prall gefüllte Koffer. Unter den linken Arm hat er zwei mächtige Kerzen geklemmt. Er schaut sich aufmerksam um. Nyffenschwander malt weiter. Auguste setzt sich auf, ergreift das Bettlaken.

SCHWITTER Abstellen!

Auguste geht, das Bettlaken um sich gewickelt, zum Radio, schaltet es ab.

NYFFENSCHWANDER Stillhalten, Auguste!

SCHWITTER Vierzig Jahre verriß mich dieser ästhetische Oberplauderer. Sein Recht, aber seinen Nekrolog über mich höre ich mir nicht an.
NYFFENSCHWANDER *erst jetzt Schwitter bemerkend* Aber –
AUGUSTE *wieder am Bettrand sitzend* Sie – Sie sind doch – *Läßt vor Überraschung das Bettlaken fallen.*
SCHWITTER Ich bin's, Wolfgang Schwitter.
AUGUSTE Aber eben im Radio –
SCHWITTER Wurde gemeldet, ich sei abgekratzt – kann ich mir denken, ich kenne die Brüder.
AUGUSTE Jawohl, Herr Schwitter –
SCHWITTER Darf ich bitten, mir die Kerzen –
NYFFENSCHWANDER Selbstverständlich, Herr Schwitter. *Nimmt ihm die Kerzen ab.* Die Koffer –
SCHWITTER Unterstehen Sie sich!
NYFFENSCHWANDER Entschuldigung, Herr Schwitter.
SCHWITTER Das Fenster zu! Es ist ein schöner Sommer, ein Sommer wie selten einer, dabei der längste Tag, doch ich friere.
NYFFENSCHWANDER Natürlich, Herr Schwitter. *Schließt das Fenster, dann die Tür.*
SCHWITTER Die Zeitungen sind voll mit rührenden Szenen: Der Nobelpreisträger in der Klinik, der Nobelpreisträger unter dem Sauerstoffzelt, der Nobelpreisträger auf dem Operationstisch, der Nobelpreisträger im Koma. Meine Krankheit ist weltberühmt, mein Sterben eine öffentliche Angelegenheit, aber ich riß aus. Ich bestieg den städtischen Autobus und bin hier. *Schwankt.* Ich muß mich setzen. Die Anstrengung – *Setzt sich auf einen Koffer.*
NYFFENSCHWANDER Darf ich –

SCHWITTER Rühren Sie mich nicht an. Von einem Sterbenden soll man die Hände lassen. *Starrt auf die Frau.* Komisch. Da weiß man, daß es kaum noch Minuten geht, bis der Tod einen holt, und dann sitzt man plötzlich einer nackten Frau gegenüber, sieht goldene Schenkel, einen goldenen Bauch und goldene Brüste –
NYFFENSCHWANDER Meine Frau.
SCHWITTER Eine schöne Frau. Herrgott, noch einmal so einen Leib zu umarmen. *Erhebt sich wieder.*
NYFFENSCHWANDER Auguste, zieh dich an!

Sie verschwindet hinter der spanischen Wand rechts hinten.

SCHWITTER Ich bin in der Euphorie, mein lieber – Wie heißen Sie eigentlich?
NYFFENSCHWANDER Nyffenschwander. Hugo Nyffenschwander.
SCHWITTER Nie gehört. *Schaut sich aufs neue um.* Unverändert. Vor vierzig Jahren wohnte ich hier und malte auch. Dann verheizte ich meine Bilder und begann zu schreiben. *Setzt sich in den Lehnstuhl.* Noch immer der gleiche unmögliche wacklige Lehnstuhl. *Röchelt.*
NYFFENSCHWANDER *erschrocken* Herr Schwitter –
SCHWITTER Es ist soweit.
NYFFENSCHWANDER Auguste! Wasser!

Auguste im Morgenrock eilt hinter der spanischen Wand hervor zum Wasserhahn.

SCHWITTER Sterben ist nichts Tragisches.
NYFFENSCHWANDER Mach schnell!

SCHWITTER Es ist gleich vorüber.
NYFFENSCHWANDER Sie sollten in die Klinik zurück, Herr Schwitter.
SCHWITTER Unsinn. *Atmet tief.* Ich möchte das Atelier mieten.
NYFFENSCHWANDER Das Atelier?
SCHWITTER Für zehn Minuten. Ich möchte hier sterben.
NYFFENSCHWANDER Hier?
SCHWITTER Teufel, deshalb bin ich schließlich aufgekreuzt.

Auguste kommt mit einem Glas Wasser.

AUGUSTE Wasser, Herr Schwitter.
SCHWITTER Ich trinke nie Wasser. *Starrt sie an.* Auch angezogen sind Sie ein schönes Weib. Sind Sie mir böse, wenn ich Auguste zu Ihnen sage?
AUGUSTE Aber nein, Herr Schwitter. *Stellt das Glas Wasser auf den runden Tisch neben dem Lehnstuhl.*
SCHWITTER Läge ich nicht im Sterben, würde ich Sie zu meiner Geliebten machen. Verzeihen Sie mir meine Worte, doch angesichts der Ewigkeit –
AUGUSTE Aber natürlich, Herr Schwitter.
SCHWITTER Meine Beine sind schon gefühllos. Sie, Nyffenschwander, Sterben ist toll, das sollten Sie auch einmal durchmachen! Die Gedanken, die einem kommen, die Hemmungen, die fallen, die Einsichten, die einem aufgehen. Einfach großartig. Aber nun will ich nicht länger stören. Ihr laßt mich eine Viertelstunde allein, und wenn ihr zurückkommt, bin ich hin. *Greift in den Pelzmantel, gibt Nyffenschwander einen Geldschein.* Hundert.

NYFFENSCHWANDER Vielen Dank, Herr Schwitter.
SCHWITTER Mittellos?
NYFFENSCHWANDER Na ja, als künstlerischer Revolutionär –
SCHWITTER In diesem Atelier ging es mir auch dreckig. Einem talentlosen Maler, der die Pinsel in die Ecke feuert, um Schriftsteller zu werden, gibt kein Hund Kredit. Ich mußte mich durchgaunern, Nyffenschwander, durchgaunern! *Öffnet den Pelzmantel.* Atemnot.
NYFFENSCHWANDER Soll ich vielleicht doch die Klinik –
SCHWITTER Ich muß ins Bett.
AUGUSTE Ich ziehe es frisch an, Herr Schwitter.
SCHWITTER Wozu? Ich sterbe in Ihren Laken, Auguste, noch warm von Ihrem Leib. *Erhebt sich, legt einen weiteren Geldschein auf den Tisch.* Noch einmal hundert. So kurz vor dem Exitus wird man großzügig. *Nimmt die Manuskripte aus den Taschen und reicht sie Nyffenschwander.* Meine letzten Manuskripte.
NYFFENSCHWANDER Soll ich sie Ihrem Verleger –
SCHWITTER In den Ofen damit.
NYFFENSCHWANDER Bitte, Herr Schwitter. *Stopft sie in den linken Ofen.*
SCHWITTER Anzünden!
NYFFENSCHWANDER Wie Sie wünschen, Herr Schwitter. *Zündet sie an.*

Schwitter zieht den Pelzmantel aus, legt ihn sorgfältig über den Lehnstuhl, schlüpft aus den Schuhen, stellt sie ebenfalls sorgfältig neben den Lehnstuhl, steht in einem Pyjama mit eingebundenen Beinen da.

NYFFENSCHWANDER Angezündet.
SCHWITTER Ich lege mich hin. Es kann sich nur noch um Minuten handeln.

Auguste will ihn führen.

SCHWITTER Lassen Sie mich, Auguste. Ich möchte in meinen letzten Momenten an etwas Wesentlicheres denken als an ein schönes Weib. *Wandelt auf das Bett zu.* Ich möchte an nichts denken. *Legt sich aufs Bett.* Einfach verdämmern. *Liegt unbeweglich.* Mein altes Bett. Immer noch die gleiche unverwüstliche Matratze. Auch die Decke weist den selben Riß auf, und dieses gräßliche Geröhre hat seine Richtung beibehalten. Auguste!
AUGUSTE Herr Schwitter?
SCHWITTER Zudecken!
AUGUSTE Jawohl, Herr Schwitter. *Deckt ihn zu.*
SCHWITTER Die Kerzen aufstellen, Nyffenschwander! Ein wenig Feierlichkeit gehört nun einmal zum Sterben. Wenn das letzte Stündlein schlägt, sind wir alle romantisch.
NYFFENSCHWANDER Gern, Herr Schwitter. *Stellt die Kerzen auf die beiden Stühle neben dem Bett.*
SCHWITTER Anzünden!
NYFFENSCHWANDER Sofort, Herr Schwitter. *Zündet die Kerzen an.*
SCHWITTER Die Vorhänge ziehen, Auguste!
AUGUSTE Jawohl, Herr Schwitter. *Zieht schwarze Vorhänge. Das Atelier ist nun dunkel, nur noch die Kerzen geben Licht.*
NYFFENSCHWANDER Zufrieden?

SCHWITTER Zufrieden.
AUGUSTE Fast wie Weihnachten.

Der Maler und seine Frau bilden eine andächtige Gruppe. Stille. Schwitter liegt unbeweglich. Auguste neigt sich über ihn.

AUGUSTE Hugo –
NYFFENSCHWANDER Auguste?
AUGUSTE Er atmet nicht mehr.
NYFFENSCHWANDER Hin.
AUGUSTE Mein Gott.
NYFFENSCHWANDER Endgültig.
AUGUSTE Was tun wir jetzt?
NYFFENSCHWANDER Ich weiß nicht.
AUGUSTE Sollte man nicht den Hauswart –
NYFFENSCHWANDER Verfluchte Situation.

Stille.

AUGUSTE Hugo –
NYFFENSCHWANDER Auguste?
AUGUSTE Er schlägt die Augen auf.
NYFFENSCHWANDER He?
SCHWITTER *leise* Alles Aktbilder. Malen Sie denn nichts als Ihre nackte Frau?
NYFFENSCHWANDER Ich male das Leben, Herr Schwitter.
SCHWITTER Donnerwetter. Kann man denn das Leben überhaupt malen?
NYFFENSCHWANDER Ich versuche es, Herr Schwitter.
SCHWITTER Geht!
AUGUSTE Gleich, Herr Schwitter. Ich schaffe noch die Zwillinge hinaus.

SCHWITTER Zwillinge?
AUGUSTE Irma und Rita. Sechsmonatig.
SCHWITTER Lassen Sie die nur hier.
AUGUSTE Aber die Windeln –
SCHWITTER Stören nicht.
AUGUSTE Sie tropfen noch.
SCHWITTER Macht nichts.
NYFFENSCHWANDER Komm, Auguste!
AUGUSTE Herr Schwitter – Ich bin vor der Türe, wenn Sie mich brauchen.
SCHWITTER Sie sind wunderbar, Auguste.
AUGUSTE Jawohl, Herr Schwitter.

Er winkt ihr schwach zum Abschied. Auguste geht ab. Nyffenschwander nimmt den Geldschein vom Tisch und geht zur Tür.

SCHWITTER Nyffenschwander.
NYFFENSCHWANDER Herr Schwitter?
SCHWITTER Sie gleichen einem belgischen Minister.
NYFFENSCHWANDER *verwirrt* Jawohl, Herr Schwitter. *Er verläßt das Atelier.*

Schwitter ist allein. Er liegt unbeweglich mit gefalteten Händen, und wie man schon glaubt, er sei gestorben, steigt er plötzlich aus dem Bett und öffnet einen der Koffer, beginnt, im Pyjama und kniend den Inhalt in den Ofen rechts zu stopfen.
Pfarrer Emanuel Lutz tritt auf. Eine freundliche, beinahe kindliche Erscheinung, außer Atem. Er ist vierzig, schmächtig, blond, goldene Brille, dunkel gekleidet, trägt in der linken Hand einen schwarzen breitrandigen Hut.

PFARRER LUTZ Herr Schwitter!
SCHWITTER Raus!
PFARRER LUTZ Gepriesen sei der Herr der Herrlichkeit. Er ist die Auferstehung und das Leben.
SCHWITTER Ich brauche keine Sprüche. Verduften Sie wieder!
PFARRER LUTZ Ich bin Pfarrer Emanuel Lutz von der Jakobusgemeinde und komme direkt aus der Klinik.
SCHWITTER Ich benötige keinen Geistlichen. *Macht im Ofen rechts wieder Feuer.*
PFARRER LUTZ Ihre Gattin rief mich an Ihr Krankenlager.
SCHWITTER Sieht ihr ähnlich.
PFARRER LUTZ Ich war ja auch verlegen. Sie sind ein weltberühmter Dichter, und ich bin ein einfacher Pfarrer ohne Beziehung zur modernen Literatur.
SCHWITTER Der Ofen zieht. *Stochert im Ofen.*
PFARRER LUTZ Kann ich behilflich sein?
SCHWITTER Wenn Sie mir die Papiere reichen wollen –
PFARRER LUTZ Aber gerne. *Legt den Hut auf den Tisch und reicht ihm aus dem Koffer die Papiere.* Sie lagen bewußtlos im Bett, und ich betete den neunzigsten Psalm: Herr, Gott, Du bist unsere Zuflucht für und für.
SCHWITTER Es lodert.
PFARRER LUTZ Der Du die Menschen lässest sterben und sprichst: Kommt wieder, Menschenkinder – Wird heiß! *Trocknet sich den Schweiß ab.*
SCHWITTER Brennt gut.

Durch die Türe späht Auguste.

AUGUSTE Herr Schwitter?
SCHWITTER Lebe noch.

AUGUSTE Jawohl, Herr Schwitter. *Verschwindet.*
SCHWITTER Verfeuern wir weiter.
PFARRER LUTZ *Geldscheine reichend* Bitte.
SCHWITTER Nimmt mich nur wunder, wie Sie mich aufgestöbert haben.
PFARRER LUTZ Durch die Oberschwester. Sie äußerten im Fieber, Ihr altes Atelier aufsuchen zu wollen. *Stutzt.* Herr Schwitter –
SCHWITTER Nun?
PFARRER LUTZ Das sind doch – das sind doch – das sind doch Banknoten, was wir hier –
SCHWITTER Und?
PFARRER LUTZ Eine Tausendernote.
SCHWITTER Sicher.
PFARRER LUTZ Ein Vermögen.
SCHWITTER Anderthalb Millionen.
PFARRER LUTZ *fassungslos* Anderthalb –
SCHWITTER Durch Schreiben verdient.
PFARRER LUTZ Anderthalb Millionen. Aber Ihre Erben, Herr Schwitter, Ihre Erben –
SCHWITTER Mir egal.
PFARRER LUTZ Eine Riesensumme. Damit könnte man Kinder ernähren, Krankenschwestern ausbilden – und nun verbrennen Sie alles.
SCHWITTER Verglüht.
PFARRER LUTZ Wenn ich wenigstens diese Tausendernote für den Freibettenfonds –
SCHWITTER Ausgeschlossen.
PFARRER LUTZ Oder für die Mohammedanermission –
SCHWITTER Kommt nicht in Frage. Ich war arm, als ich in diesem Atelier lebte, und arm will ich in ihm sterben. *Verfeuert weiter.*

PFARRER LUTZ Sterben? Sie?
SCHWITTER Wenn mein Vermögen verfeuert ist, lege ich mich hin und verröchle.
PFARRER LUTZ Aber Herr Schwitter, Sie können nicht mehr verröcheln. Sie – Sie sind doch schon gestorben, Herr Schwitter.
SCHWITTER Gestorben? *Starrt den Pfarrer an.*
PFARRER LUTZ Wie ich Psalm neunzig betete, bäumten Sie sich auf und entschliefen.

Schweigen.

PFARRER LUTZ Es war ergreifend.

Schwitter stopft weitere Scheine in den Ofen und brüllt.

SCHWITTER Auguste!

In der Türe erscheint Auguste.

AUGUSTE Herr Schwitter?
SCHWITTER Kognak! Hopp! Eine ganze Flasche!
AUGUSTE Jawohl, Herr Schwitter. *Verschwindet.*
SCHWITTER Helfen Sie mir in den Pelzmantel. *Der Pfarrer ist ihm behilflich.* Gestorben!
PFARRER LUTZ Der Herr nahm Sie zu sich.
SCHWITTER Lächerlich. Ich wurde ohnmächtig, und als ich wieder zu mir kam, lag ich allein im Krankenzimmer. Eine Binde hielt mein Kinn.
PFARRER LUTZ Das ist bei frischen Leichen üblich.
SCHWITTER Auf der Bettdecke lag ein Blumenmeer, und Kerzen brannten.

PFARRER LUTZ Sehen Sie.
SCHWITTER Ich kroch unter den Kränzen der Regierung und des Nobelpreiskomitees hervor und ging in mein Atelier, das ist alles.
PFARRER LUTZ Das ist nicht alles.
SCHWITTER Eine Tatsache.
PFARRER LUTZ Eine Tatsache ist, daß Professor Schlatter persönlich Ihren Tod feststellte. Um elf Uhr fünfzig.
SCHWITTER Eine Fehldiagnose.
PFARRER LUTZ Professor Schlatter ist eine Kapazität –
SCHWITTER Jede Kapazität kann sich irren.
PFARRER LUTZ Nicht Professor Schlatter.
SCHWITTER Ich lebe schließlich noch. *Betastet sich unwillkürlich.*
PFARRER LUTZ Wieder. Sie sind von den Toten auferstanden. Daran gibt es wissenschaftlich nichts zu rütteln. In der Klinik brach das Chaos aus. Der Hort des Unglaubens erzitterte. Ich bin wirblig vor Freude. Wenn ich mich vielleicht setzen dürfte. Für ein Minütchen.
SCHWITTER Bitte.

Pfarrer Lutz setzt sich an den runden Tisch.

PFARRER LUTZ Sie müssen mich entschuldigen. Das Wunder, die Aufregung, die unmittelbare Nähe des Allmächtigen. Ich bin förmlich außer mir. Es ist, als wäre der Himmel offen, als wäre seine Herrlichkeit um uns. Wenn ich mir den Kragen etwas lockern dürfte –
SCHWITTER Tun Sie sich keinen Zwang an. *Öffnet den anderen Koffer, stopft Geldscheine in den Ofen links.* Auferstanden! Ich! Von den Toten! So ein Witz!

PFARRER LUTZ Heilig, heilig ist der Herr Zebaoth!
SCHWITTER Lassen Sie endlich Ihre Sprüche weg.
PFARRER LUTZ Gott erwählte Sie, Herr Schwitter, damit die Blinden sehen und die Gottlosen an ihn glauben.
SCHWITTER Werden Sie nicht geschmacklos. *Verfeuert weiter.*
PFARRER LUTZ Aber Ihre Seele –
SCHWITTER Ich habe keine Seele, dafür reichte die Zeit nicht. Schreiben Sie einmal jedes Jahr ein Stück, und Sie melden Ihr Innenleben auch schleunigst ab. Und da kommen Sie, Pfarrer Lutz. Zugegeben, es ist Ihr Beruf. Trotzdem. Da löst man sich in seine Bestandteile auf, in Wasser, Fett und Mineralien, und Sie schlagen mit Gott und Wundern um sich. Wozu? Damit ich mich als Werkzeug Gottes betrachte? Damit ich Ihren Glauben bestätige? Ich will ehrlich sterben ohne Fiktion und ohne Literatur. Ich will nichts als noch einmal die reine Zeit spüren, dieses sanfte Verfließen, ich will nichts als noch einmal eine Minute als Wirklichkeit erleben, nichts als noch einmal eine Sekunde voller Gegenwart. Mein Vermögen ist verheizt.

In der Tür erscheint schwer atmend Auguste.

AUGUSTE Der Kognak, Herr Schwitter.
SCHWITTER Her damit.
AUGUSTE Jawohl, Herr Schwitter. *Bringt die Flasche.*
SCHWITTER Verschwinden! Hopp!
AUGUSTE Jawohl, Herr Schwitter. *Verschwindet.*

Er sieht ihr nach.

SCHWITTER Ein süßes Trampeltier. *Setzt sich in den Lehnstuhl, öffnet die Flasche, trinkt.* Tut gut. *Nimmt den Hut vom Tisch und reicht ihn dem Pfarrer.* Ihr Hut.
PFARRER LUTZ Danke schön. *Nimmt ihn und bleibt.*
SCHWITTER Nett, daß Sie mir geholfen haben, meine anderthalb Millionen –
PFARRER LUTZ Das war doch selbstverständlich.
SCHWITTER Nun traben Sie aber hinaus.

Pfarrer Lutz geht zur Tür, bleibt stehen.

PFARRER LUTZ Herr Schwitter. Ich bin erst vierzig, doch meine Gesundheit ist angegriffen. Ich stehe in Gottes Hand. Auch sollte ich mich schon längst im Pfarrhaus befinden, und die Abendandacht ist auch noch nicht vorbereitet. Aber ich fühle mich auf einmal so kraftlos, so morsch, so unsäglich müde – wenn ich mich vielleicht etwas hinlegen dürfte – nur ein Sekündchen – *Wankt zum Bett, setzt sich.*
SCHWITTER Bitte. *Trinkt.* Ich vermag mich ohnehin nicht mehr zu erheben.
PFARRER LUTZ Die Aufregung war zu groß. Ich ziehe vielleicht besser auch noch die Schuhe aus. *Beginnt, sich die Schuhe auszuziehen.* Nur für ein Momentchen. Nur bis der Kreislauf wieder etwas in Ordnung kommt –
SCHWITTER Fühlen Sie sich wie zu Hause. *Preßt die Hände gegen die Brust.* Mein Herz setzt aus.
PFARRER LUTZ Nur getrost. *Legt sich auf das Bett.*
SCHWITTER Atemnot ist nichts Lustiges.
PFARRER LUTZ Vater unser, der Du bist –
SCHWITTER *zischend* Nicht beten!

PFARRER LUTZ *erschrocken* Verzeihung.
SCHWITTER Ich sterbe. *Trinkt aus der Flasche.* Nicht so feierlich wie geplant, sondern in diesem scheußlichen Lehnstuhl. *Trinkt aus der Flasche.* Sie tun mir leid, Pfarrer, mit meiner Auferstehung ist es nichts. *Lacht auf.* Einmal kam ein Pfarrer zu mir, und der tat mir auch leid. Als sich meine zweite Frau das Leben genommen hatte, die Tochter eines Großindustriellen. Sie schluckte ein Pfund Schlafmittel, schätze ich, unsere Ehe war eine Tortur gewesen – nun, ich brauchte Geld, das hatte sie, ich will nachträglich nicht klagen – sie machte einen rasend – und wie sie so dalag, weiß und stumm – der Pfarrer war ergriffen. Er kam, wie der Arzt noch an der Leiche herumhantierte und bevor der Staatsanwalt aufkreuzte. Er war dunkel gekleidet wie Sie, Pfarrer Lutz, und in Ihrem Alter. Er stand neben dem Bett und glotzte auf meine Selige, und später saß er in der Halle. Mit gefalteten Händen. Er schien etwas sagen zu wollen, vielleicht Bibelsprüche, aber dann sagte er doch nichts, und ich ging nach dem achten Kognak auf mein Zimmer und schrieb, wie eine Dorfschulklasse ihren idealistischen jungen Lehrer zu Tode prügelt und wie ein Bauer mit dem Traktor über den Lehrer rollt und den Fall vertuscht. Mitten im Dorf. Vor dem Schulhaus. Und alle schauen zu. Auch der Polizist. Ich glaube, es ist mein bestes Stück Prosa geworden. *Trinkt aus der Flasche.* Und als ich gegen Morgen in die Halle schwankte, hundemüde, saß der Pfarrer nicht mehr da. Schade. Er war ein hilfloser Pfarrer gewesen. *Trinkt.*
PFARRER LUTZ Auch ich bin zu nichts nütze. Wenn ich predige, schläft die Gemeinde ein. *Zittert.*

SCHWITTER Kann sein, daß er gar kein Pfarrer war. Kann sein, daß er ein Liebhaber meiner zweiten Frau war. Vielleicht hatte sie überhaupt viele Liebhaber. Merkwürdig, daß ich bis heute nie an diese Möglichkeit gedacht habe. *Trinkt.*
PFARRER LUTZ Es ist auf einmal bitterkalt.
SCHWITTER Ich friere auch etwas.
PFARRER LUTZ Gott war nah, und nun ist er wieder fern.
SCHWITTER Ich beabsichtigte, mit einer gewissen menschlichen Größe abzudanken, und habe mich nichts als besoffen. *Trinkt.*
PFARRER LUTZ Sie glauben nicht an Ihre Auferstehung.
SCHWITTER Ich war scheintot.
PFARRER LUTZ Sie wollen sterben.
SCHWITTER Muß. *Trinkt.*

Er stellt die Flasche hart auf den Tisch, sinkt in den Lehnstuhl zurück.

PFARRER LUTZ Gott sei Ihnen gnädig.

Schweigen. Pfarrer Lutz faltet die Hände.

PFARRER LUTZ Ich glaube an Ihre Auferstehung. Ich glaube, daß Gott ein Wunder tat. Ich glaube, daß Sie leben werden. Der Herr der Herrlichkeit kennt mein Herz. Es fällt schwer, das Evangelium von Christi Opfertod und Auferstehung zu verkünden und keinen anderen Beweis zu haben als nur den Glauben. Da hatten es die Jünger leichter, mit allem Respekt sei es gesagt. Der Herr wohnte unter ihnen. Er tat vor ihren Augen Wunder um Wunder. Er heilte Blinde, Lahme und Aussätzige. Er wandelte über die Wasser und erweckte die Toten. Und als der Menschensohn auferstanden war, durfte Thomas, der immer noch zweifelte, seine Hand auf dessen Wunde legen. Da fiel es nicht schwer zu glauben. Doch das ist lange her. Das Himmelreich, das uns versprochen worden ist, kam nie. Wir lebten in der Finsternis und hatten nichts als unsere Hoffnung. Sie allein speiste noch unseren Glauben. Das war wenig, Herr. Doch nun hast Du Dich meiner erbarmt. Ich erblicke Dein Licht. Erbarme Dich nun auch derer, die Deine Herrlichkeit nicht zu sehen vermögen, weil Deine Verborgenheit sie erblinden ließ.

Stille. Die Türe öffnet sich langsam. Auguste späht herein.

AUGUSTE *leise* Herr Schwitter.

Stille.

AUGUSTE *etwas lauter* Herr Schwitter.

Stille. Auguste betritt das Atelier. Durch die Tür späht Nyffenschwander.

AUGUSTE *laut* Herr Schwitter.
NYFFENSCHWANDER Nun?
AUGUSTE Er antwortet nicht.
NYFFENSCHWANDER Schau mal nach.

Auguste geht zum Lehnstuhl, neigt sich über Schwitter. In der Tür erscheint der Hauswart Glauser, ein dicker, gemütlicher, schwitzender Mann.

GLAUSER Nun?
NYFFENSCHWANDER Meine Frau schaut nach.
GLAUSER Ich sah den Mann hinaufsteigen, Nyffenschwander. Er kam mir gleich verdächtig vor. Ich bitte, im Pelzmantel trotz der Hitze und zwei Kerzen unter dem Arm. Sie hätten die Polizei verständigen sollen.

Auguste richtet sich auf.

AUGUSTE Hugo.
NYFFENSCHWANDER Tot?

Auguste berührt Schwitter schnell.

AUGUSTE Ich glaube.
NYFFENSCHWANDER Endlich.

Nyffenschwander und Glauser öffnen die Vorhänge. Glauser bläst die beiden Kerzen aus und entdeckt Pfarrer Lutz.

GLAUSER Da liegt noch einer.

Nyffenschwander und Auguste gehen zum Bett.

NYFFENSCHWANDER Noch einer?
GLAUSER Nyffenschwander, ich wundere mich.
AUGUSTE Pfarrer Lutz!
NYFFENSCHWANDER Auch hin.
GLAUSER Ich wundere mich sehr. Ich bin Hauswart, habe für Ordnung zu sorgen und finde zwei fremde Leichen in Ihrem Atelier.

Schwitter schlägt im Lehnstuhl die Augen auf.

SCHWITTER Der belgische Minister malte auch in seiner Freizeit. *Erhebt sich.* In diesem Lehnstuhl stirbt man unbequem.
AUGUSTE Herr Schwitter – *Starrt ihn an.*
SCHWITTER Führen Sie mich ins Bett, Auguste! Hopp!

Schweigen.

AUGUSTE *verlegen* Geht nicht, Herr Schwitter.
SCHWITTER Warum nicht?
AUGUSTE Weil – weil der Pfarrer, Herr Schwitter – weil der Pfarrer gestorben ist.

Schweigen. Schwitter geht ans Bett, starrt den Pfarrer finster an.

SCHWITTER Tatsächlich. *Geht zum Lehnstuhl zurück, setzt sich wieder.* Schafft die Leiche weg!

Schweigen.

GLAUSER Sie –
SCHWITTER Wer sind Sie?
GLAUSER Der Hauswart. Man muß zuerst die Polizei –
SCHWITTER Ich liege im Sterben.
GLAUSER Ein Todesfall ist eine amtliche Angelegenheit.
SCHWITTER Ich habe ein Anrecht, im Bett zu liegen, nicht die Leiche.
GLAUSER Ich habe eine Stelle zu verlieren, Sie.
SCHWITTER Mir egal. Ich habe das Bett gemietet. Ich bin Nobelpreisträger.

Schweigen.

GLAUSER Schön. Auf Ihre Verantwortung. Schaffen wir den Pfarrer in den Korridor.
NYFFENSCHWANDER Faß mit an, Auguste!

Die drei bemühen sich vergeblich.

GLAUSER Himmel!
NYFFENSCHWANDER Es geht wirklich nicht.
AUGUSTE Zu schwer.
GLAUSER Aber wenn Sie vielleicht auch mit anfassen möchten, Herr Nobelpreisträger –
NYFFENSCHWANDER Zu viert schaffen wir es.

Schweigen.

SCHWITTER *entschieden* Den Pfarrer rühre ich nicht an.
NYFFENSCHWANDER Dann nicht.
GLAUSER Dann müssen wir eben doch die Polizei –
SCHWITTER Ich helfe. *Erhebt sich.*
GLAUSER Sie fassen mit der Frau unten an, Herr Nobelpreisträger, wir oben. Bereit?
NYFFENSCHWANDER Bereit.
AUGUSTE Bereit.
SCHWITTER Bereit.

Tragen den Pfarrer.

AUGUSTE Vorsicht.
NYFFENSCHWANDER Nur mit Ruhe.
GLAUSER Legen wir ihn vor die Türe.

Das Atelier ist leer. Auguste führt Schwitter zurück.

AUGUSTE So, Herr Schwitter, so. Das Bett ist wieder frei. Soll ich nicht schnell frische Wäsche –
SCHWITTER Nein.
AUGUSTE Wollen Sie nicht den Pelzmantel –
SCHWITTER Nein. *Wirft sich im Pelzmantel aufs Bett.* Verschwinden!
AUGUSTE Aber die Zwillinge – sie sollten –
SCHWITTER Raus!
AUGUSTE Jawohl, Herr Schwitter. *Sie deckt ihn zu.*
SCHWITTER Auguste, Sie gefallen mir immer mehr.
AUGUSTE Jawohl, Herr Schwitter. *Geht ab.*

Schwitter liegt mit gefalteten Händen unbeweglich da, springt plötzlich aus dem Bett.

SCHWITTER Die verfluchten Bilder.

Dreht den Akt auf der Staffelei um, dann andere Bilder. Im Treppenhaus hört man eine Stimme.

MUHEIM He! Ist da jemand?

Schwitter klettert vom Lehnstuhl auf die Kommode rechts der Tür, versucht, den mächtigen Akt darüber umzudrehen.

MUHEIM Komisch. Immer wenn ich komme, ist da niemand.

Die Tür öffnet sich. Muheim steigt über die Leiche, deren

Beine zu sehen sind, stampft herein, ein achtzigjähriger vitaler Grundstückmakler, Bauunternehmer und Häuserbesitzer.

MUHEIM He! Eine Leiche liegt vor der Türe!
SCHWITTER Ich weiß.

Muheim entdeckt Schwitter auf der Kommode.

MUHEIM Gehört sie Ihnen?
SCHWITTER Nein. *Versucht immer noch Bilder umzudrehen.*
MUHEIM Wie kommt sie dann vor Ihre Türe?
SCHWITTER Sie lag im Bett, und ich brauchte es selber.
MUHEIM Wenn ich bescheiden um eine Erklärung – *Braust auf.* Herrgottnocheinmal, wer ist die Leiche?

Auguste und Nyffenschwander spähen durch die Tür.

SCHWITTER Der Pfarrer von der Jakobusgemeinde. Er starb vor Aufregung.
MUHEIM Mensch, das kann mir auch passieren.
SCHWITTER Bitte nicht. *Steigt von der Kommode herunter.* Geht nicht. *Erkennt Muheim.* Der große Muheim, der Inhaber dieser schauerlichen Mietskaserne, der Besitzer dieses miesen Ateliers, dieser verlausten Möbel und dieses lamentablen Bettes, der große Muheim hat mir gerade noch gefehlt.

Auguste und Nyffenschwander schließen vorsichtig die Tür.
Schwitter zieht sich seinen Pelzmantel aus und setzt sich neben dem Pelzmantel auf das Bett.

MUHEIM *stutzt* Mann, Sie kennen mich?
SCHWITTER Vor vierzig Jahren hauste ich mit meiner ersten Frau in diesem Atelier. Sie war robust, sinnlich, rothaarig und ungebildet.
MUHEIM Erinnere mich nicht. *Er dreht die Bilder wieder um.*
SCHWITTER Wir waren arm, großer Muheim.
MUHEIM Meine Gattin war kunstliebend, nicht ich.
SCHWITTER Künstlerliebend.

Schweigen.

MUHEIM Momentchen, Mensch, Momentchen. *Holt den Stuhl hinter dem Tisch und setzt sich in die Mitte des Ateliers.* Was wollen Sie damit andeuten?
SCHWITTER Nichts.
MUHEIM Raus mit der Sprache!
SCHWITTER Ich brachte Ihrer Gattin jeweils am Ersten des Monats den Zins, wir stiegen ins Bett, und ich durfte die hundert wieder mitnehmen.

Schweigen.

MUHEIM Hundert.

Auguste und Nyffenschwander spähen wieder ins Atelier.

SCHWITTER Hundert.

Schweigen.

MUHEIM Wie lange?

SCHWITTER Zwei Jahre.
MUHEIM Jeden Monat?
SCHWITTER Jeden.
MUHEIM Meine Frau ist vor fünfzehn Jahren gestorben.
SCHWITTER Kondoliere. *Zieht ein Scheckbuch aus dem Pelzmantel, schreibt.* Ein Scheck über zehntausend.
NYFFENSCHWANDER Zehntausend!
SCHWITTER Für alle Ihre Bilder!
NYFFENSCHWANDER Zehntausend! Auguste! Ich rase auf die Bank. Zehntausend!

Er läuft ab. Auguste im Türrahmen.

SCHWITTER *steht auf* Hauswart!
AUGUSTE Herr Glauser!
GLAUSER *kommt die Treppe hoch* Herr Nobelpreisträger?
SCHWITTER Tragen Sie die Bilder in den Hof, gießen Sie Benzin darüber und zünden Sie sie an!
GLAUSER Jawohl, Herr Nobelpreisträger. *Nimmt die Bilder, wirft sie Auguste zu.*
MUHEIM Zwei Jahre haben Sie mit meiner Frau geschlafen. Jeden Monat, am Ersten.
SCHWITTER Um halb elf.
MUHEIM Und um halb sechs war ich schon auf dem Bau. Jeden Tag bin ich um halb sechs auf dem Bau.
SCHWITTER Frühaufsteher!
GLAUSER Hauptsache, die Piepen stimmen, Frau Auguste. *Wirft ihr weitere Bilder zu.*
MUHEIM Weiber sind schwer zu malen.
SCHWITTER Die andern bitte auch.
MUHEIM Mann! Sagen Sie die Wahrheit?
SCHWITTER Wozu lügen?

Auguste und Glauser ab. Schwitter schließt die Tür, wirft sich wieder aufs Bett.

MUHEIM Wer sind Sie?
SCHWITTER Wolfgang Schwitter.
MUHEIM *stutzt* Der Nobelpreisträger?
SCHWITTER Der.
MUHEIM Aber in den Mittagsnachrichten kam doch –
SCHWITTER Verfrühte Meldung.
MUHEIM Darauf eine Stunde klassische Musik.
SCHWITTER Tut mir leid.
MUHEIM Doch wieso –?
SCHWITTER Ich entwich aus der Klinik, um hier zu sterben.
MUHEIM Um hier – *Schaut sich um.* Muß saufen. *Nimmt das Glas Wasser vom Tisch, geht zum Spülbecken, leert es, kommt mit dem Glas zurück, füllt es mit Kognak.* Wenn nur nicht alles so banal wäre. *Starrt vor sich hin.* Jeden Monat.
SCHWITTER Wir wären sonst glatt verhungert.
MUHEIM Für hundert.
SCHWITTER Die hätten Sie mir nie erlassen.
MUHEIM Ich erlasse nie jemandem etwas. *Trinkt.*
SCHWITTER Meine Frau kam dahinter, das Luder. Dabei hatte sie mich mit einem Metzger betrogen und ich die besten Filetsteaks meines Lebens konsumiert. *Lacht.* Ich heiratete seitdem noch dreimal. Immer feinere Weiber. Muheim, das war ein Irrtum. Am Schluß nahm ich ein Call-Girl zur Frau, die war die beste.
MUHEIM Noch dreimal. *Trinkt.*
SCHWITTER Verduften Sie endlich. Sie verstinken das Atelier. Ihre Anwesenheit mästet mein Leben.

MUHEIM Wenn schon. *Trinkt.* Schwitter, ich bin achtzig.
SCHWITTER Gratuliere.
MUHEIM Kerngesund.
SCHWITTER Kann ich mir denken.
MUHEIM Ich fing unten an. Mein Vater war Hausierer. Ich mußte mittippeln. Ich verkaufte Schuhbändel, Schwitter, Schuhbändel, bevor ich in der Abbruchbranche landete und später noch ein Bauunternehmen aufzog. Ich kremple die ganze Stadt um. Sehen Sie die Baukräne?
SCHWITTER Sie verschandeln mir den Exitus.
MUHEIM Zugegeben, ich war nie zimperlich. Aber es war schließlich auch nicht meine Absicht, als sozialer Apostel herumzugondeln. Jetzt bin ich oben. Die Parteien habe ich im Sack. Meine Feinde fürchten mich, und ich besitze viele Feinde. Aber mein Privatleben – *Nimmt eine Zigarre.* Ohne glückliche Ehe gibt es keine wirklich gigantischen Geschäfte, ohne Zärtlichkeit gaunert man sich nicht durchs Leben, ohne Innerlichkeit landet man in der Gosse. *Will die Zigarre anzünden.*
SCHWITTER Nicht rauchen, während ich sterbe.
MUHEIM Pardon. Selbstverständlich. *Steckt die Zigarre wieder ein.*
SCHWITTER Zünden Sie mir lieber die zwei Kerzen an.
MUHEIM Aber gern. *Zündet die Kerzen an.* Dabei schmissen sich die Weiber nur so an meinen Brustkasten, aber keine landete. Ich war meiner Frau treu, auch nach ihrem Tode, das können Sie mir glauben.
SCHWITTER Ziehen Sie die Vorhänge zu.
MUHEIM Wird gemacht. *Zieht die Vorhänge zu. Dunkel. Nur noch Kerzenlicht.* Aber ich hätte meine Frau getötet, wenn ich gewußt hätte, was ich jetzt weiß,

und auch Sie, Schwitter, hätte ich – und ich würde Sie noch jetzt – wenn Sie nicht – *Stellt sich an das Fußende des Bettes, starrt Schwitter an.* Ein Sterbender ist unangreifbar.
SCHWITTER Tun Sie sich keinen Zwang an.
MUHEIM Ich könnte Sie zerfetzen.
SCHWITTER Ich stehe zu Ihrer Verfügung.
MUHEIM Zermalmen.
SCHWITTER Vergreifen Sie sich ruhig an mir.

Muheim geht zum Lehnstuhl.

MUHEIM Mein Gott, wie oft mag sie mich wohl noch betrogen haben? *Setzt sich.*
SCHWITTER Mit einigen Dutzend Liebhabern müssen Sie rechnen.

Muheim starrt vor sich hin.

MUHEIM Sie muß unersättlich gewesen sein.

Olga tritt auf, neunzehn, schön, dunkel gekleidet, atemlos, Schwitters vierte Frau. Schwitter setzt sich erschrocken auf.

SCHWITTER Das Call-Girl.
OLGA Wolfgang.
SCHWITTER Alles geht schief.

Hinter ihr späht Auguste herein.

OLGA Du lebst –

SCHWITTER Möglich.
OLGA *leise* Du lebst –
SCHWITTER Ich weiß, es wird langsam genierlich.

Olga spürt Auguste, schließt die Tür, bleibt davor stehen.

OLGA Vor der Türe – der Pfarrer –
SCHWITTER Die Oberschwester hat ihn hergeschickt.
OLGA Er ist tot.
SCHWITTER Herzschlag.
OLGA Und du lebst –
SCHWITTER Das wirfst du mir schon zum dritten Mal vor.
OLGA Ich drückte in der Klinik deine Augen zu.
SCHWITTER Aufmerksam.
OLGA Ich faltete deine Hände.
SCHWITTER Nett.
OLGA Ich ordnete Blumen und Kränze.
SCHWITTER Als ich erwachte, besichtigte ich das Arrangement.
OLGA Ich küßte dich zum Abschied.
SCHWITTER Lieb.

Schweigen.

OLGA Und nun?
SCHWITTER Haben wir die Bescherung.

Sie geht zögernd zu ihm.

OLGA Verzeih, daß ich erst jetzt – ich – ich wurde ohnmächtig, als ich in die Klinik zurückkam, und du auf einmal nicht mehr –

SCHWITTER Kann ich mir denken.
OLGA Professor Schlatter versteht die Welt nicht mehr.
SCHWITTER Ich weiß, ich sollte auf seinem Seziertisch liegen.

Olga wirft sich über ihn, schluchzt.

SCHWITTER Auch das noch.
OLGA Nun ist alles gut.
SCHWITTER Das Theater beginnt wieder von vorne.
OLGA Ich bleibe bei dir.
SCHWITTER Meine verehrte Olga. Ich liege seit einem Jahr immer wieder im Sterben. Ich werde seit einem Jahr immer wieder im letzten Augenblick gerettet. Ich mache nicht mehr mit. Ich habe mich vor einer Horde sturer Mediziner in Sicherheit gebracht. Ich will endlich in Ruhe sterben, ohne einen Fiebermesser im Mund, ohne an irgendeinen Apparat angeschlossen zu sein, ohne Menschen, die um mich herumstehen. Darum geh! Wir haben voneinander längst Abschied genommen, dutzende Male, das wird doch langsam komisch. Nimm bitte Vernunft an und mach dich aus dem Staube! Adieu! *Zieht sich das Linnen über den Kopf.*

Muheim erhebt sich.

MUHEIM Ich gehe. *Verneigt sich vor Olga.* Muheim. Der große Muheim.

Olga erhebt sich.

MUHEIM Ich könnte ihn töten. *Geht zur Tür.* Aber Sterben ist mir heilig. *Ab.*

Schweigen. Schwitter taucht wieder auf aus dem Linnen.

SCHWITTER *wütend* Immer noch da.
OLGA Ich bin deine Frau.
SCHWITTER Meine Witwe. *Setzt sich auf.* Ich vertrage diese Feierlichkeit nicht mehr. Zieh die Vorhänge zurück!

Sie gehorcht. Das Atelier liegt nun wieder im grellen Sonnenlicht.

SCHWITTER Öffne die Fenster!

Sie gehorcht.

SCHWITTER Die Schuhe des Pfarrers! *Steigt aus dem Bett, ergreift die Schuhe des Pfarrers vor dem Bett und dessen Hut auf dem Tisch.* Der Hut des Pfarrers! *Wirft Hut und Schuhe zur Türe hinaus.* Der Pfarrer ließ alles liegen! *Schmettert die Türe zu.* Lösch die verfluchten Kerzen aus!

Sie gehorcht.

SCHWITTER Die bigotte Weihrauchstimmung macht mich noch gesund! Ich brauche die Sonne, um zu sterben. Ich muß in ihrer Glut ersticken. Ich muß ausgeglüht werden. Ich muß verdorren. In mir ist noch zu viel Leben. *Will sich in den Lehnstuhl setzen, erblickt seine Schuhe.* Meine Schuhe. Ich brauche sie auch nicht mehr! *Wirft sie hinter die spanische Wand, setzt sich in den Lehnstuhl.*

Die Zwillinge beginnen zu schreien.

SCHWITTER Zum Lachen. Ich lande immer wieder in diesem Lehnstuhl! *Will trinken. Leer. Stellt die Flasche wieder auf den Tisch.* Auguste!

In der Tür erscheint Auguste.

AUGUSTE Herr Schwitter.
SCHWITTER Die Zwillinge brüllen. Hopp!
AUGUSTE Sofort, Herr Schwitter. *Trägt den Waschkorb mit den Zwillingen hinaus.*

Glauser kommt die Treppe hoch.

GLAUSER Herr Nobelpreisträger, die Bilder brennen.
AUGUSTE Ruhig, Irma; ruhig, Rita. *Bleibt in der Tür stehen.* Soll ich auch die Windeln –
SCHWITTER Hinaus! Und Kognak! Noch eine Flasche!
AUGUSTE Jawohl, Herr Schwitter.

Sie verschwindet. Ebenso Glauser.

OLGA Brauchst du den Mantel?
SCHWITTER Nein.
OLGA Hast du noch Schmerzen?
SCHWITTER Nein.
OLGA Es war ein böser Traum. Ich hätte den Ärzten nicht glauben sollen.
SCHWITTER Es blieb einem nichts anderes übrig.
OLGA Sie sagten mir schon vor einem Jahr, du müßtest sterben.

SCHWITTER Das ist mir inzwischen selber aufgegangen.
OLGA Auch deinem Sohn sagten sie's, und er erzählte es jeder Bardame. Man sprach überall von deinem Tod, während du noch hofftest, und mich behandelte man, als wärest du schon gestorben, man fiel über mich her wie über eine Hure –
SCHWITTER Du bist schließlich auch eine gewesen.

Schweigen.

SCHWITTER Deine verfluchte Demut bringt mich noch um.
OLGA Verzeih!
SCHWITTER Ich hoffe nicht, irgendeiner meiner Freunde sei aus falscher Rücksicht mir gegenüber von dir nicht erhört worden.
OLGA Ich habe niemand erhört.
SCHWITTER Deine Pflicht war nicht, mir treu zu sein; deine Pflicht war, mir die Wahrheit zu sagen.
OLGA Ich fürchtete mich.

Sie fällt vor ihm verzweifelt auf die Knie, er umarmt sie.

SCHWITTER Ich fürchtete mich auch. Diese gemeine Furcht. Ich kannte die Wahrheit nicht, weil ich sie aus Furcht nicht kennen wollte, sonst hätte ich sie erraten, und jetzt kenne ich sie, weil sie sich nicht mehr verheimlichen läßt, mein Leib stinkt zum Himmel.
OLGA Ich konnte dir nicht helfen. Ich sah, wie du schwächer wurdest. Ich sah, wie die Ärzte dich quälten. Ich konnte nicht einschreiten. Ich war wie gelähmt. Alles nahm einfach seinen Lauf. Als ich heute morgen an

deinem Bette stand und der Pfarrer betete, und wie der Professor sich über dich beugte und dich abhorchte und sich aufrichtete und sagte, du seist tot, weinte ich nicht einmal. Ich war tapfer, weil du tapfer gewesen bist. Aber nun lebst du wieder.

SCHWITTER Jetzt komm du mir nur nicht auch noch mit diesem Blödsinn!

Er stößt sie von sich.

OLGA *leise* Wenn ich dich noch einmal verlieren müßte, könnte ich nicht leben.

In der Tür erscheint schwer atmend Auguste.

AUGUSTE Der Kognak, Herr Schwitter.
SCHWITTER Höchste Zeit.

Olga erhebt sich.

AUGUSTE Jawohl, Herr Schwitter.
SCHWITTER Schenk ein!
AUGUSTE Soll ich nicht ein frisches Glas –
SCHWITTER Quatsch.
AUGUSTE Jawohl, Herr Schwitter.
SCHWITTER Bis zum Rand.
AUGUSTE Jawohl, Herr Schwitter.
SCHWITTER Zisch wieder davon! Hopp!
AUGUSTE Jawohl, Herr Schwitter. *Verschwindet.*
SCHWITTER Die einzige Kreatur, die ich noch ertrage. *Trinkt.* Hau endlich ab!
OLGA Ich bleibe.

SCHWITTER Du fällst mir lästig. *Trinkt.*
OLGA Trink bitte nicht so viel!
SCHWITTER Saufen ist gesund fürs Abtanzen.

In der Tür erscheint der Heilsarmee-Major Friedli in Uniform und starrt Schwitter an.

MAJOR FRIEDLI Er lebt! Er lebt! Er lebt! *Beginnt zu singen*
  Morgenglanz der Ewigkeit
  Licht vom unerschaffnen Lichte.
SCHWITTER Aufhören! Was fällt Ihnen ein!
MAJOR FRIEDLI Er lebt! Er lebt! Er lebt! *Verschwindet wieder.*
SCHWITTER Ein Verrückter.
OLGA Laß uns nach Hause gehen! *Holt Schwitters Mantel.* Die schreckliche Klinik, dieses unheimliche Atelier, der tote Pfarrer – bitte, laß uns nach Hause gehen!
SCHWITTER Zum Sterben bin ich hier zu Hause.
OLGA Du mußt nicht sterben. Ich weiß nicht, was geschehen ist, aber du wirst leben.
SCHWITTER Leben ekelt mich an. *Erhebt sich.* Ich war unbekümmert, als ich zu schreiben begann. Ich hatte nichts im Kopf als meine Einfälle, ich war versoffen und asozial. Dann kamen der Erfolg, die Preise, die Ehrungen, das Geld und der Luxus. Meine Manieren wurden immer besser. Ich feilte an meinen Fingernägeln und an meinem Stil herum. Gab sich meine erste Frau noch einem Schneider hin, um für mich einen blauen Anzug zu erstehen, gaben sich die beiden nächsten nur mit Literatur ab, sie organisierten meinen Ruhm und meinen Hofstaat, während ich mich abrackerte, endgültig ein Klassiker zu werden. Der Nobel-

preis gab mir den Rest. Ein Schriftsteller, den unsere heutige Gesellschaft an den Busen drückt, ist für alle Zeiten korrumpiert. Darum gabelte ich dich auf. Aus Wut. *Reißt Olga an sich.* Aus Wut über mich, aus Wut über die Welt. Ich war ein alter Mann, der noch einmal rebellieren wollte. Du warst verdammt tüchtig. Du hast mich für einige Wochen aufgemöbelt, es war eine Pracht, dann landete ich auf dem Schragen, daß es nur so krachte. Aus. *Er wirft Olga auf das Bett.* Du kannst zusammenpacken. Du hast den ehrlichsten Beruf gelernt, den es gibt, du bist das schönste und tüchtigste Call-Girl der Stadt gewesen, kehr wieder zu deinem Gewerbe zurück, tu mir den Gefallen! *Er wirft sich über sie.* Durch unsere Ehe bist du berühmt geworden, dein Bild war in allen Zeitungen, Aktbilder von dir kursierten, deine Preise sind ins Unermeßliche gestiegen. Du bist das Geschenk, das ich der Öffentlichkeit vermache; Cäsar stiftete seine Gärten, ich eine Dirne!

Jochen Schwitter, vierzigjährig, riesenhaft, fett, langes Haar, betritt das Atelier.

JOCHEN Papa! Sieh mal an!

Er sieht das Radio, schaltet es an. Jazzmusik über das Motiv ›Morgenglanz der Ewigkeit‹.

JOCHEN Auferstanden.
OLGA *zurechtweisend* Jochen!
JOCHEN Tag, Stiefmütterchen. Fein, dich wieder einmal zu sehen.
SCHWITTER Was suchst du hier?

JOCHEN *überlegen* Meine anderthalb Millionen.
SCHWITTER Deine?
JOCHEN Ich bin dein Erbe.
SCHWITTER Möglich.
JOCHEN Gesetzlich, alter Herr.
SCHWITTER Du mußt es ja wissen.
JOCHEN Ich habe schließlich einmal zwei Semester Jus studiert.
SCHWITTER Alle Achtung.
JOCHEN Nun? Wo ist das Geld?
SCHWITTER Auf der Bank.
JOCHEN Du lügst.

Schweigen.

JOCHEN Schäme dich. In deinen letzten Zügen.

Schweigen.

JOCHEN Ich komme von der Bank. Du hast dein Geld in die Klinik schaffen lassen, und dort ist es auch nicht mehr.

Schweigen.

JOCHEN Unerwartet, wie?
SCHWITTER Fix.
JOCHEN Meine Mutter kam deinetwegen ums Leben, und ich komme deinetwegen zu einem Vermögen.
SCHWITTER Sicher?
JOCHEN Sicher. *Nimmt eine Zigarette.*
OLGA Jochen, du darfst hier nicht rauchen.

JOCHEN Beruhige dich, Stiefmuttchen. Das wird dein Männchen schon noch verkraften. *Zündet die Zigarette an.*
JOCHEN Und? Wo sind die Eier? *Bläst Schwitter Rauch ins Gesicht.*
SCHWITTER In den Koffern. *Trinkt.*
JOCHEN Siehst du, du parierst ja ganz brav. *Stellt einen Koffer auf das Bett.* Unverschlossen. Leichtsinnig, mein Krösus. *Öffnet, stutzt.* Leer. *Geht zum anderen Koffer, stellt ihn auf den Tisch, öffnet ihn ebenfalls.* Leer. *Greift zur Flasche.*
SCHWITTER Die Flasche auch.

Jochen wirft die Flasche nach hinten.

JOCHEN Schön. Der Kampf soll mit Messern geführt werden. Dein Flittchen schaffte meine anderthalb Millionen auf die Seite. *Er geht auf Olga zu.*
SCHWITTER Meinst du.
JOCHEN Meine ich. *Er will zuschlagen.*
SCHWITTER Ich würde im Ofen nachschauen.

Jochen läuft zum rechten, dann zum linken Ofen und kramt in der Asche.

JOCHEN Verbranntes Papier.
SCHWITTER Meine letzten Manuskripte und meine anderthalb Millionen.
JOCHEN Asche. *Er wühlt wild in der Asche.*
SCHWITTER Ich gehe endgültig sterben. *Er schwankt zur Mitte.* Phantastisch. Ich bin geradezu in blendender Form.

JOCHEN Nur noch etwas Glut.

Glauser betritt das Atelier.

GLAUSER Herr Nobelpreisträger. Die Polizei transportierte den Pfarrer schon ab.
SCHWITTER Ich bin vollgetankt!
GLAUSER Die Polizisten schafften die Leiche des Pfarrers endgültig weg!
SCHWITTER Reinemachen!
GLAUSER Jawohl, Herr Nobelpreisträger. *Ängstlich ab.*
SCHWITTER Runter mit den Windeln! Runter! Runter!

Jochen läuft zum rechten Ofen. Schwitter springt auf das Bett und reißt die Windeln herunter.

SCHWITTER Runter! Sie erinnern mich an Leben, an Paarung, an kreißende Schöße! Runter mit den Fetzen! Ich mag ihren feuchten Kleinkinderpopo- und Pipigeruch nicht mehr riechen! Ich will Moder, ich will Grabesluft, ich will Ewigkeitsdünste! *Runter vom Bett und zum Lehnstuhl.*
JOCHEN Verbrannt. *Erhebt sich, die Hände voll Asche.* Anderthalb Millionen.
SCHWITTER Sie brannten lustig.
JOCHEN Warum hast du sie vernichtet?
SCHWITTER Ich weiß nicht.
JOCHEN Du mußt doch einen Grund gehabt haben.
SCHWITTER Aus Laune.
JOCHEN Ich habe Schulden.
SCHWITTER Luxushuren kosten.
JOCHEN Kapiere.

Schweigen.

JOCHEN Ein Meisterstreich. Ich hatte mit deinem Vermögen gerechnet.
SCHWITTER Eine Fehlspekulation.
JOCHEN Du hassest mich nicht einmal. Ich bin dir einfach gleichgültig. Und so ist es dir auch gleichgültig, wenn ich zum Teufel gehe.
SCHWITTER Ich gehe ja auch zum Teufel.
JOCHEN Du bist unmenschlich.
SCHWITTER Sterben ist unmenschlich.
JOCHEN Dann stirb endlich! *Geht zur Türe.* Tu mir den Gefallen. Zum ersten Male in deinem Leben, sei lieb, Alter, stirb endlich! Dann darf ich leben, wenn du nicht mehr bist. Und ich werde ein Kerl, sag ich dir, ein ganzer Kerl.
SCHWITTER Geh jetzt!
JOCHEN In die Bar. *Lacht.* Im übrigen bleiben mir noch die Tantiemen. *Verschwindet.*

Schwitter schwankt zur Tür, schließt sie, lehnt sich mit dem Rücken gegen sie.
Olga stellt das Radio ab.

SCHWITTER Noch hier.
OLGA Ich gehe.
SCHWITTER Ich war wohl – *Denkt nach.* Habe ich viel –?
OLGA Zwei Flaschen Kognak.
SCHWITTER *strahlt* Respekt. *Betrachtet Olga nachdenklich.* War ich schlimm?
OLGA Nein.
SCHWITTER Also schlimm.

Schweigen.

SCHWITTER Weil ich sterbe.
OLGA Weil du lebst.
SCHWITTER Du mußt dich umsehen, meine Kleine. *Lacht.* Mein Vermögen ging in Flammen auf.
OLGA Ich habe schon etwas auf der Seite.
SCHWITTER Kann ich mir denken. *Lacht.* Wir hatten es schön, meine Kleine. So einige Wochen.
OLGA O ja.
SCHWITTER Wir lachten, daß die Wände wackelten.
OLGA Und ob.
SCHWITTER Wir soffen, daß sich die Balken bogen.
OLGA Und wie.
SCHWITTER Wir liebten uns, daß die Erde bebte.
OLGA Es war wunderbar mit dir. *Geht.*

Schwitter sinkt zusammen, liegt wie tot. Durch die Tür späht Auguste.

AUGUSTE Herr Schwitter.

Stille.

AUGUSTE *lauter* Herr Schwitter.
SCHWITTER Auguste.
AUGUSTE Die Windeln liegen am Boden.
SCHWITTER Tut mir leid.
AUGUSTE Macht nichts, Herr Schwitter.

Holt hinter der spanischen Wand einen Korb hervor, sammelt die Windeln ein.

Schwitter erhebt sich.

AUGUSTE Sie haben eine schöne Frau, Herr Schwitter.
SCHWITTER Hatte.
AUGUSTE Sie stieg die Treppe hinunter und weinte.
SCHWITTER Sie ist noch sehr jung. *Legt sich auf das Bett.*
AUGUSTE Darf ich etwas fragen, Herr Schwitter?
SCHWITTER Frag!
AUGUSTE Gerade Talent fürs Malen hat Hugo wohl nicht?
SCHWITTER Nein.

Auguste stellt den Korb auf den Tisch.

AUGUSTE Die Windeln sind aufgelesen.
SCHWITTER Verriegle die Türe! Hopp!
AUGUSTE Jawohl, Herr Schwitter. *Verriegelt die Tür.* Verriegelt.

Er starrt gegen die Fenster.

SCHWITTER Zieh die Vorhänge zu!
AUGUSTE Jawohl, Herr Schwitter. *Gehorcht.*
SCHWITTER Komm her!
AUGUSTE Jawohl, Herr Schwitter. *Geht ruhig zu ihm.*

Draußen beginnt Nyffenschwander an der Türfalle zu klinken.

NYFFENSCHWANDER Auguste.
SCHWITTER Näher!
AUGUSTE Jawohl, Herr Schwitter.

Nyffenschwander klopft.

NYFFENSCHWANDER Auguste, mach auf!
SCHWITTER Mich friert.
AUGUSTE Soll ich den Pelzmantel –
SCHWITTER Zieh dich aus!
AUGUSTE Jawohl, Herr Schwitter.
NYFFENSCHWANDER Aufmachen, Auguste! Aufmachen!
Poltert gegen die Türe.
SCHWITTER Leg dich zu mir!
AUGUSTE Jawohl, Herr Schwitter.

Während sie sich auszieht, poltert und rüttelt Nyffenschwander an die Türe.

NYFFENSCHWANDER Aufmachen! Aufmachen! Der Scheck ist nicht gedeckt!

Blackout.
Vorhang.

Zweiter Akt

Nyffenschwanders Atelier eine Stunde später. Auf dem Bett unter Kränzen Schwitter, endlich entschlafen. Um das Bett herum verschiedene schwarzgekleidete Herren, unter ihnen der Starkritiker Friedrich Georgen. Links im Lehnstuhl Carl Conrad Koppe, Schwitters Verleger, fünfundsechzig, glattrasiert, elegant. Im Hintergrund Nyffenschwander und Glauser. Auguste, anfänglich am Totenbett, wird von Neuankommenden nach hinten gedrängt. Im Raum geistern weiter einige Presseleute herum, die mit Blitzlicht fotografieren. Die Vorhänge vor den Nischen sind wieder gezogen, die Kerzen brennen aufs neue.
Einer der anwesenden Trauergäste läßt eine Kassette mit Trauermusik abspielen. Den Choral ›Morgenglanz der Ewigkeit‹. Bei Musikende beginnt Friedrich Georgen mit seiner Trauerrede.
(Die Trauergemeinde wird von der Sommerhitze gepeinigt. Einer nach dem andern entfernt sich während der Rede, sich vor dem toten Schwitter verneigend.)

FRIEDRICH GEORGEN Freunde. Wolfgang Schwitter ist tot. Mit uns trauert die Nation, ja die Welt; ist sie doch um einen Mann ärmer, der sie reicher machte. Seine sterbliche Hülle liegt auf diesem Bett, liegt unter diesen Kränzen. Man wird sie übermorgen mit jenem festlichen Gepränge zu Grabe tragen, das einem Nobelpreisträger zukommt. Doch wir, seine Freunde, haben bescheidener zu trauern, gefaßter, stiller. Wir haben nicht billiges Lob zu spenden, nicht kritiklose Bewunderung, wir haben uns durch Wissen und Liebe leiten zu lassen. Nur so werden wir dem großen Toten gerecht. Er hat ausgelitten. Sein Sterben war erschütternd, daß wir uns in seinem alten Atelier befinden, deutet es an. Nicht sein Geist, seine Vitalität wehrte sich. Ihm, der die Tragik ablehnte, fiel ein tragisches Ende zu. In diesem düsteren Lichte haben wir ihn zu sehen, zum ersten Male vielleicht in harter Deutlichkeit, als den letzten Verzweifelten einer Zeit, die sich anschickt, die Verzweiflung zu überwinden. Es gab für ihn nichts als die nackte Realität. Doch gerade darum dürstete er nach Gerechtigkeit, sehnte er sich nach Brüderlichkeit. Umsonst. Nur wer an einen lichten Sinn der dunklen Dinge glaubt, erkennt die Ungerechtigkeit, die es in dieser Welt auch gibt, als etwas Unabwendbares, stellt den sinnlosen Kampf ein, versöhnt sich. Schwitter blieb unversöhnlich. Ihm fehlte der Glaube, und so fehlte ihm auch der Glaube an die Menschheit. Er war ein Moralist aus Nihilismus heraus. Er blieb Rebell, ein Rebell im luftleeren Raum. Sein Schaffen war der Ausdruck einer inneren Ausweglosigkeit, nicht ein Gleichnis der Wirklichkeit: Sein Theater, nicht die Realität ist grotesk. Hier liegt seine Grenze. Schwitter blieb in einer feierlich großartigen Weise subjektiv, seine Kunst heilte nicht, sie verletzte. Wir aber, die wir ihn lieben und seine Kunst bewundern, müssen sie nun überwinden, damit sie eine notwendige Stufe werde zur Bejahung einer Welt, die unser armer Freund verneinte und in deren Erhabenheit und Harmonie er eingegangen ist.

Koppe erhebt sich und drückt Georgen die Hand.

KOPPE Friedrich Georgen, ich danke Ihnen.

Die wenigen Verbliebenen verneigen sich vor dem Totenbett, entfernen sich, unterdessen ständig Blitzlichter.

GEORGEN Sie sind sein Verleger, Koppe. Mein Beileid. *Verneigt sich.*
KOPPE Erscheint Ihre Rede im Morgenblatt?
GEORGEN Noch heute abend.
KOPPE Wird mächtig hinhauen. Er war ein Moralist aus Nihilismus heraus. Ein Rebell im luftleeren Raum. Sein Theater, nicht die Realität ist grotesk. Glänzend definiert und böse gesagt.
GEORGEN Nicht böse gemeint, Koppe.
KOPPE Bitterböse gemeint, Georgen. *Legt ihm die Hand auf die Schulter.* Ihre Unverschämtheit war grandios. Sie zerfetzten mir unseren guten Schwitter mit Andacht auf dem Totenbett. Imponierend. Literarisch ist der Mann erledigt, noch eine Dünndruckausgabe und er ist vergessen. Schade. Er war echter als Sie glauben, und dann noch eins, ganz unter uns: Ihr Tiefsinn in Ehren, Georgen, aber an sich war Ihre Rede Mumpitz. Schwitter war nie verzweifelt, man brauchte ihm nur ein Kotelett vor die Nase zu setzen und einen anständigen Tropfen, und er war glücklich. Gehen wir. Der Ort ist schauerlich. Ich muß Schwitters Familie zusammentrommeln, mir schwant, es habe sich was zugetragen.

Die beiden ab, auch die Presseleute. Auguste, Nyffenschwander und der Hauswart bleiben.

GLAUSER Das wäre vorbei. Luft! *Zieht die Vorhänge, öffnet die Fenster, draußen noch immer greller Tag. Löscht die Kerzen.* Wieviel hat man Ihnen denn gegeben, Nyffenschwander, fürs Sterben?
NYFFENSCHWANDER Zweihundert und der Verleger zwanzig.
GLAUSER Schäbig. Leben Sie wohl, Frau Auguste. Bald ist Ihr Atelier wieder in Ordnung. In dieser Hitze holen sie die Leichen schnell. *Verschwindet.*
NYFFENSCHWANDER Eine Frechheit. Da steigen endlich einmal Kritiker und Verleger zu mir herauf – um eine Leiche anzuglotzen – und ich besitze kein einziges Bild mehr. Da arbeitet man jahrelang – Auguste! *Starrt das Totenbett an.*
NYFFENSCHWANDER Zieh dich aus! Ich male dich vor dem Totenbett. Leben und Tod. Ein atmender Leib und Totenkränze.
AUGUSTE Nein.
NYFFENSCHWANDER Auguste – *Glotzt sie verwundert an.*
AUGUSTE *ruhig* Ich will nicht. *Beginnt, ihre Sachen zusammenzupacken.*
NYFFENSCHWANDER Auguste, das ist das erste Mal, daß du dich weigerst, Modell zu stehen.
AUGUSTE Schluß damit.

Schweigen.

NYFFENSCHWANDER Aber das Leben, Auguste – ich will doch nur das Leben darstellen, das unerhörte, gewaltige, grandiose Leben –

AUGUSTE Ich weiß.
NYFFENSCHWANDER *angstvoll* Auguste, eine halbe Stunde polterte ich gegen die Türe, und du machtest nicht auf.
AUGUSTE Ich weiß.
NYFFENSCHWANDER Die Türe war verriegelt.
AUGUSTE Ich weiß.
NYFFENSCHWANDER Und als du endlich aufmachtest, war er tot.
AUGUSTE *gleichgültig* Er starb in meinen Armen, und ich mußte mich anziehen. Ich schlief mit ihm, bevor er starb.

Schweigen.

NYFFENSCHWANDER Aber –

Auguste betrachtet die Leiche.

AUGUSTE Ich bin stolz, seine letzte Geliebte gewesen zu sein. *Packt weiter.*
NYFFENSCHWANDER Das konntest du nicht tun, Auguste, das konntest du nicht tun.
AUGUSTE Ich tat's.
NYFFENSCHWANDER Mit einem Sterbenden!
AUGUSTE Er war ein Mann.
NYFFENSCHWANDER Schämst du dich nicht?
AUGUSTE Nein.
NYFFENSCHWANDER Er ließ meine Bilder verbrennen; mein ganzes Werk.
AUGUSTE Und?
NYFFENSCHWANDER *schreit* Ich stellte doch nur das Leben dar!

AUGUSTE Ich habe deine Malerei satt.
NYFFENSCHWANDER Aber du glaubtest doch an mich, Auguste, ganz allein auf der Welt glaubtest du an mich, wir hielten zusammen, was auch Schweres kam –
AUGUSTE Ich war für dich nichts als ein Modell. *Hat zusammengepackt.* Wir sind fertig miteinander.
NYFFENSCHWANDER Das ist doch unmöglich.
AUGUSTE Ich gehe.
NYFFENSCHWANDER Unsere Kinder –
AUGUSTE Ich nehme sie mit. *Bleibt einen kurzen Augenblick vor dem Totenbett stehen.*
NYFFENSCHWANDER Das darf nicht sein, Auguste.
AUGUSTE Leb wohl! *Ab.*
NYFFENSCHWANDER Auguste! *Läuft ihr nach, die Treppe hinunter.* Komm zurück, Auguste! Ich verzeihe dir.

Im Bett richtet sich Schwitter auf. Feierliches Totenhemd. Kinnbinde. Um den Hals einen Totenkranz. Nimmt die Binde ab. Nyffenschwander kommt zurück.

NYFFENSCHWANDER Das ist doch Wahnsinn, Auguste! Du kannst mich doch nicht verlassen! Wegen eines Toten!
SCHWITTER Das Bett steht falsch. *Betrachtet das Atelier.*
NYFFENSCHWANDER Sie – Sie – *Glotzt Schwitter an.*
SCHWITTER Das Bett stand, wo jetzt der Tisch steht, und der Tisch stand, wo sich jetzt das Bett befindet. *Streckt die Beine aus dem Bett.* Darum kann ich nie sterben. *Hebt den Kranz über den Kopf.* Wieder Totenkränze. Sie rollen mir nach. *Steigt aus dem Bett.* An die Arbeit. Das Bett muß hinüber.

Nyffenschwander glotzt, unbeweglich.

SCHWITTER Zuerst räumen wir den Stuhl und den Tisch beiseite.
NYFFENSCHWANDER *verzweifelt* Sie schliefen mit meiner Frau.
SCHWITTER Der belgische Minister schlief auch mit meiner dritten Frau.
NYFFENSCHWANDER Was habe ich mit Ihrem ewigen belgischen Minister zu schaffen?
SCHWITTER Sie gleichen ihm. Anfassen!

Trägt den Tisch nach dem Hintergrund, Nyffenschwander hilft ihm unwillkürlich.

NYFFENSCHWANDER Ihr Sterben war nur ein Vorwand!

Schwitter weist auf den Lehnstuhl.

NYFFENSCHWANDER Eine raffinierte Täuschung. *Trägt den Lehnstuhl nach hinten.* Eine perfide Komödie! Eine höllische Falle!
SCHWITTER Auffangen! *Wirft Nyffenschwander den Stuhl zu.*
NYFFENSCHWANDER Sie ließen meine Bilder verbrennen.
SCHWITTER Ich verbrannte auch meine Bilder.
NYFFENSCHWANDER Sie sind kein Maler.
SCHWITTER Sie auch nicht.
NYFFENSCHWANDER Ihr Scheck war nicht gedeckt.
SCHWITTER Wer stirbt, kümmert sich nicht um das Finanzielle. Nun das Bett.
NYFFENSCHWANDER Sie zerstörten meine Ehe!

Schwitter geht zum Kopfende des Bettes.

SCHWITTER Sie ziehen vorne, ich stoße hinten.
NYFFENSCHWANDER Sie verließ mich!
SCHWITTER Das spielt doch keine Rolle.
NYFFENSCHWANDER Für mich spielt es eine Rolle.
SCHWITTER Nyffenschwander, Ihre Sorgen möchte ich haben. Da sterbe ich unaufhörlich, da warte ich Minute um Minute in einer mörderischen Hitze auf einen würdigen Abgang in die Unendlichkeit, verzweifle, weil es nie so recht klappen will, und Sie kommen mir mit einer Nebensächlichkeit.
NYFFENSCHWANDER *wild* Ich sterbe nicht. *Wirft einen Kranz aufs Bett.*
SCHWITTER Aber ich. *Wirft einen Kranz aufs Bett.*
NYFFENSCHWANDER Auf dem Sterbebett verführt man keine Frau, man betet.
SCHWITTER Nyffenschwander. Wenn jemand beten sollte, dann Sie. Damit Sie von Ihrer Malerei erlöst werden. Ihre Gemälde verekelten mir den ganzen Nachmittag das Sterben. Sie wollen das Leben darstellen und pinseln Ihre Frau herunter, daß es einem die Schamröte ins Gesicht treibt.
NYFFENSCHWANDER Ich male meine Frau, wie ich sie sehe!
SCHWITTER Dann muß Ihre Blindheit gigantisch sein! Ihre Frau, Nyffenschwander! Ich sah sie nackt, kaum hatte ich das Atelier betreten und dann, als sie sich zu mir legte. Freiwillig. Von Verführung keine Spur. Sie gab sich aus Menschlichkeit, aus einer splendiden Laune heraus. Sie spürte, was ein Sterbender braucht. Helfen Sie, das Bett hinüberzuschieben. *Stößt das Bett, Nyffenschwander zieht.* Ihre Frau lag in meinen Armen. Sie zitterte, sie wand sich, sie umklammerte mich, sie

schrie. Das war das Leben; in Ihren Bildern ist nichts davon. Ziehen, Nyffenschwander, ziehen. So. Das Bett steht richtig. Nun muß der Tisch hinüber.

Sie tragen den Tisch hinüber.

SCHWITTER Ihre Pinselei ist eine Zeitverschwendung!
NYFFENSCHWANDER Meine Kunst ist mir heilig.
SCHWITTER Nur Stümpern ist die Kunst heilig. Sie sind in eine Theorie verbohrt, weil Sie nichts können. Ihre Frau war tot in Ihren Armen, wie sie tot in Ihren Bildern ist. Ihre Frau hat Sie mit Recht verlassen. Nun den Lehnstuhl.

Sie tragen den Lehnstuhl nach rechts vorne.

NYFFENSCHWANDER Ich könnte Sie zerfetzen!
SCHWITTER Ich stehe zu Ihrer Verfügung.
NYFFENSCHWANDER Zermalmen!
SCHWITTER Vergreifen Sie sich ruhig an mir. *Wirft ihm den Stuhl zu.* Auffangen! *Schaut sich um.* Mein Atelier. Es ist wieder das alte. Ich kann endlich sterben. In Ruhe, in Würde, in voller geistiger Konzentration. *Geht zum Bett, legt sich auf die Kränze.* Es lag nur an den Möbeln. Grandios, Nyffenschwander! Der Tod rast auf einen zu wie eine Lokomotive, die Ewigkeit pfeift einem um die Ohren, Schöpfungen heulen auf, krachen zusammen, ein Riesenunfall, das ganze –
NYFFENSCHWANDER Sterben! Immer wollen Sie sterben und sterben nie! *Geht, außer sich, nach hinten, kommt mit dem Ofenhaken zurück.*

Muheim tritt ein.

NYFFENSCHWANDER Beten Sie!
SCHWITTER Fällt mir nicht ein.
NYFFENSCHWANDER Es wird abgerechnet.
SCHWITTER Bitte.
NYFFENSCHWANDER Ich töte Sie.
SCHWITTER Ich sterbe ohnehin.
NYFFENSCHWANDER Ich schlage zu.
SCHWITTER Ich habe ja gar nichts dagegen.
MUHEIM *donnernd* Hände weg von einem Sterbenden!
NYFFENSCHWANDER Er schlief mit meiner Frau, während ich draußen an der Türe rüttelte!
MUHEIM *ruhig* Her damit.

Nyffenschwander gibt gehorsam den Haken her.

MUHEIM *ruhig* Ich allein habe das Recht, Schwitter zu töten. *Wirft den Haken nach hinten.* Ich töte ihn nicht. *Packt Nyffenschwander an der Brust, wirft ihn nach vorne.*
MUHEIM *beherrscht* Er nahm Ihre Frau, während Sie an der Türe rüttelten. Sie brauchen sich keine Illusionen zu machen. Aber ich machte mir Illusionen. Vierzig Jahre lang liebte ich eine Frau, ich, der große Muheim, der Baugigant, ich ging fast ein, als sie starb.
NYFFENSCHWANDER Herr Muheim –
MUHEIM Ich liebte sie. Sie wissen nicht, was das heißt, aber ich, ich mit meinen achtzig Jahren, ich, ich weiß es.
NYFFENSCHWANDER Herr Muheim –
MUHEIM Das Leben ist Macht, Kampf, Sieg, Erniedrigung und Verbrechen. Ich mußte mich damit beschmutzen, der Konkurrenzkampf kennt kein Pardon,

der Gemeinste siegt, und ich war stets der Gemeinste und vermochte es nur, weil ich jemanden liebte, besinnungslos, unmäßig, jemanden, für den es sich lohnte, sich im Dreck zu wälzen, und nun stellt sich alles als eine Lüge heraus! Wissen Sie, was ich bin?

SCHWITTER Irgend etwas stimmt immer noch nicht.

MUHEIM Eine komische Nummer!

NYFFENSCHWANDER Aber nein, Herr Muheim –

MUHEIM Warum lachen Sie nicht über mich? Lachen Sie! Lachen Sie!

NYFFENSCHWANDER Ich lache ja, Herr Muheim, ich lache ja!

MUHEIM Und da kommen Sie mit ihrem Künstlerstolz und wollen sich rächen!

NYFFENSCHWANDER Herr Muheim –

MUHEIM Das läßt sich der große Muheim nicht gefallen, da täuschen Sie sich gewaltig, da kennt der große Muheim keinen Spaß. Sie sind nur in Ihrer Eitelkeit getroffen, ich bin erledigt, ausradiert, niedergestampft, verhöhnt, besudelt!

Er drängt ihn zur Tür hinaus, in den Korridor.

NYFFENSCHWANDER Herr Muheim –
MUHEIM Hinunter mit Ihnen!
NYFFENSCHWANDER Hilfe! Herr Muheim! Hilfe!
MUHEIM Hinunter!

Gepolter. Ein Schrei. Stille. Muheim kommt langsam und schwer atmend zurück, die Türe bleibt offen.

MUHEIM Ich schmetterte die Wanze die Treppe hinunter.
 Öffnet den Kragen. Eine Mordshitze.

Schwitter klettert wieder aus dem Bett.

SCHWITTER Jetzt weiß ich, was mich stört. *Ergreift einen Kranz.* Werfen Sie die Kränze vor die Türe. *Wirft ihn Muheim zu.* Vom PEN-Club.

Muheim fängt ihn auf.

MUHEIM Der Wanze nach. *Wirft den Kranz zur Türe hinaus.*
SCHWITTER Von der Regierung. ›Die dankbare Heimat ihrem großen Sohne‹. *Wirft Muheim weitere Kränze zu, die zur Türe hinausgeworfen werden.* Vom Stadtpräsidenten, vom Nobelpreiskomitee, von der Unesco, vom Schriftstellerverein, vom Nationaltheater, vom Verlegerverband, von der Bühnengenossenschaft, von den Filmproduzenten, von den Büchergilden.
MUHEIM Aufgeräumt.

Schwitter schaut sich um.

SCHWITTER Das Bett – mehr gegen die Wand. Der Tisch – leicht gegen die Mitte. Die beiden alten Stühle – Der Lehnstuhl – *Stellt die Möbel um.*
MUHEIM Schwitter. Ich raste mit meinem Cadillac in der Stadt herum. Ich übersah ein Rotlicht um das andere. Es wird Bußen hageln. Wäre ich nicht der große Muheim, mein Fahrausweis läge auf der Polizei. Aber ich bin der große Muheim. Ich kehrte zurück, um Ihre Leiche anzustarren. Stundenlang wollte ich Ihre Leiche anstarren. Mit einer Ahnung von einer höheren

Gerechtigkeit, mit einem Gefühl, daß da oben ein Herrgott schalte und walte.
SCHWITTER Tut mir leid.
MUHEIM Sie sind zäh.
SCHWITTER Ich bin selber baff.

Muheim setzt sich erschöpft in den Lehnstuhl.

MUHEIM Zum ersten Mal, daß ich meine achtzig spüre.
SCHWITTER *zufrieden* Jetzt stört mich nichts mehr. Ich klettere ins Bett zurück, und dann wird gestorben.
MUHEIM Mensch, das will ich hoffen.

Schwitter steigt ins Bett und deckt sich zu.

SCHWITTER Höchste Zeit.
MUHEIM Und wie.

Schwitter schaut sich aufs neue um.

SCHWITTER Ich weiß nicht –
MUHEIM Fehlt noch was?
SCHWITTER Ich brauche doch Feierlichkeit. Wenn Sie mir vielleicht die beiden Kerzen neben das Bett stellen würden –
MUHEIM Sicher. *Stellt die beiden Kerzen auf die Stühle neben dem Bett.* Anzünden?
SCHWITTER Und die Vorhänge ziehen!
MUHEIM Wird gemacht. *Zündet die Kerzen an, zieht die Vorhänge. Es ist wieder feierlich im Atelier.* In Ordnung?
SCHWITTER Zufrieden.

Muheim setzt sich wieder in den Lehnstuhl.

MUHEIM Na, dann los!
SCHWITTER Nur Geduld.

Schweigen.

MUHEIM Nun?
SCHWITTER Muheim?
MUHEIM Sterben Sie mal!
SCHWITTER Gebe mir Mühe.
MUHEIM Ich warte.
SCHWITTER Fühle mich eigentlich ganz wohl.
MUHEIM *erschrocken* Verflucht.
SCHWITTER Aber der Puls – *Fühlt.*
MUHEIM Na?
SCHWITTER Geht langsamer.
MUHEIM Gott sei Dank.
SCHWITTER Nur Geduld.
MUHEIM Haben Sie noch zu saufen?
SCHWITTER Auguste.

Stille.

SCHWITTER Auguste! Hopp!

Stille.

SCHWITTER *enttäuscht* Niemand.
MUHEIM Die Malersfrau ist der Wanze davongelaufen. *Will sich eine Zigarre anzünden, erschrickt.* Verzeihung, Entschuldigung.
SCHWITTER Rauchen Sie ruhig!

MUHEIM Nicht bei einem Sterbenden.
SCHWITTER Ich hätte auch gern eine.
MUHEIM Selbstverständlich.
SCHWITTER So zum letzten Mal.
MUHEIM Verstehe. *Reicht ihm das Etui hin.* Havanna.
SCHWITTER Werden auch rarer.
MUHEIM Feuer.
SCHWITTER Danke.
MUHEIM Noch ein Kranz.

Geht zur Türe, wirft den Kranz hinaus und schließt die Türe, geht zum Lehnstuhl, setzt sich, steckt die Zigarre in Brand.

MUHEIM Schwitter. Ich war mit meiner Frau glücklich. Daß sie mit Ihnen im Bette lag, sollte keine Rolle mehr spielen. *Pafft.* Sie ist tot. Und überhaupt. Was paart sich nicht alles. Wer betrügt nicht, und wer wird nicht betrogen. Aber trotzdem. Es spielt eine Rolle. Daß ich meiner Frau treu war und daß ich glaubte, sie wäre mir treu – dieses bißchen Anständigkeit in meinem Leben – der große Muheim baute auf Sand, das Fundament sackt ab. *Springt auf und schmettert die Zigarre gegen den Ofen.* Ich kenne die Wahrheit nicht, Schwitter, das quält mich zu Tode. Mit wem schlief sie noch? Mit den Stadträten? Mit den Mitgliedern der Baukommission? Mit meinen Rechtsanwälten? Mit ihren Ärzten? Mit den Herren vom Golf oder mit jenen vom Reitclub Rotweiß? Mit welchen Künstlern noch? Sie kannte alle. Und warum waren oft italienische Arbeiter im Haus? Warum? Mein Gott, mit wem hat Elfriede noch geschlafen?

SCHWITTER Elfriede?
MUHEIM Elfriede.
SCHWITTER Ihre Frau hieß doch Marie.
MUHEIM *stutzt* Mensch.
SCHWITTER Sie wohnten in der Amalienstraße.
MUHEIM *kalt* Mann. Ich wohne seit fünfzig Jahren in einer Villa in der Oranienallee, und meine Frau hieß Elfriede.
SCHWITTER Sicher?
MUHEIM Ich bin kein Trottel.
SCHWITTER Verflixt. *Pafft.* Muheim, ich kannte nie eine Elfriede. Ich verwechselte Ihre Gattin offenbar mit der Frau eines Hausbesitzers in der Bertholdgasse, wo ich später wohnte.
MUHEIM Sie nehmen mich wohl hoch?
SCHWITTER Ihre Frau war Ihnen treu.
MUHEIM Himmelherrgottsdonner!
SCHWITTER *nachdenklich* Aber eigentlich – Marie hieß die auch nicht – *Setzt sich auf und pafft weiter.* In der Agonie kommt mir alles durcheinander. *Läßt die Beine zum Bett heraushängen.* Muheim, vielleicht war es doch Ihre Gattin Irmgard –
MUHEIM Elfriede!
SCHWITTER Jedenfalls erinnere ich mich noch an zwei steinerne Löwen vor Ihrem Hause in der Oranienallee.
MUHEIM *starr* Ich habe keine Löwen.
SCHWITTER Keine? Merkwürdig.

Professor Schlatter mit Ärztekoffer und Karton, mit Röntgenbildern, reißt die Tür auf.

SCHLATTER Schwitter.

SCHWITTER Schlatter?
SCHLATTER Ich bin sprachlos.
SCHWITTER Ich lebe noch.
SCHLATTER Als Mediziner finde ich diese Tatsache durchaus nicht erheiternd. Ich stellte zweimal Ihren Tod fest, und Sie rauchen eine Zigarre.
MUHEIM *brüllt* Ich habe nie Löwen gehabt!

Ins Atelier kommt Kriminalinspektor Schafroth, gefolgt von zwei Polizisten und Glauser, die drei mit den Kränzen, die von Muheim hinausbefördert worden waren.

GLAUSER Herr Nobelpreisträger, unten im Treppenhaus liegt schon wieder ein Mann.
SCHWITTER Na und?
INSPEKTOR Der Kunstmaler Hugo Nyffenschwander. Verheiratet. Vater von zwei Kindern.

Schweigen. Muheim wendet sich dem Inspektor zu.

MUHEIM Muheim. Der große Muheim.
INSPEKTOR Herr Muheim?
MUHEIM Ich schmetterte die Wanze die Treppe hinunter.

Schweigen.

GLAUSER Jesses, jesses.

Schweigen.

INSPEKTOR Stellt die Kränze an die Wand.
ERSTER POLIZIST Jawohl, Herr Inspektor.
GLAUSER Herr Schwitter ist auch wieder lebendig.

Stellt mit den beiden Polizisten die Kränze an die Wand.

ZWEITER POLIZIST An die Wand gestellt, Herr Inspektor.
INSPEKTOR Inspektor Schafroth von der städtischen Kriminalpolizei. Ich muß Sie bitten, mich zu begleiten. Am besten wir fahren mit Ihrem Wagen, Herr Muheim.
MUHEIM Wozu?

Schweigen.

SCHLATTER Professor Schlatter von der städtischen Klinik, Herr Muheim.
MUHEIM Nun?

Schweigen.

SCHLATTER Der Mann ist tot.

Schweigen.

MUHEIM *verstört* Aber ich habe ihn doch nur ganz leicht –

Schweigen.

MUHEIM *leise* Hin.
GLAUSER Schon der zweite diesen Nachmittag, Herr Muheim.

Muheim wendet sich langsam Schwitter zu, der weiter pafft.

MUHEIM *hilflos* Schwitter, ich tötete einen Menschen.

Der Inspektor gibt ein Zeichen, und die beiden Polizisten treten neben Muheim.

MUHEIM Schwitter. Sie ringen mit dem Tode. Ihr Geist weilt in anderen Regionen. Wir sind Ihnen gleichgültig. Dennoch. Ich muß Gewißheit haben. Hat mich – hat meine Frau mich mit Ihnen –

Schwitter pafft ruhig vor sich hin.

SCHWITTER Ich weiß nicht.
MUHEIM Schwitter. Ich vertrage ja viel. Aber – ich darf doch nicht umsonst getötet haben –
SCHWITTER Die Wahrheit –
MUHEIM Ich muß sie wissen.
SCHWITTER Muheim. *Strahlt.* Ich erinnere mich. *Lacht.* Die Geschichte ist erfunden, Muheim.
MUHEIM *fassungslos* Erfunden?
SCHWITTER Im Todeskampf eingebildet. Nicht zu glauben, ich hielt eine meiner Novellen für wirklich. Ich phantasierte, Muheim, ich phantasierte, ich zahlte meine Hundert pünktlich mit der Post ein und stieg nie zu Ihrer Gattin ins Bett.
MUHEIM *verständnislos* Nie –
SCHWITTER Nur die Geschichte meiner ersten Frau mit dem Weinhändler stimmt.
MUHEIM Sie erzählten von einem Metzger.
SCHWITTER Metzger? Auch möglich.
MUHEIM Erstunken und erlogen.
SCHWITTER Zum Totlachen.

Muheim beginnt zu toben.

MUHEIM Den Haken! Den Haken!

Die Polizisten bändigen ihn. Muheim wird plötzlich ruhig und würdig.

MUHEIM Verzeihung. Ich war außer mir.
INSPEKTOR Bitte.
MUHEIM Schwitter.
SCHWITTER Großer Muheim.
MUHEIM Warum erledigten Sie mich?
SCHWITTER Zufällig.
MUHEIM *hilflos* Ich – ich tat Ihnen doch nichts.
SCHWITTER Sie gerieten in mein Sterben.

Schweigen.

MUHEIM Der große Muheim ist alt. Uralt.
INSPEKTOR Gehen wir.
MUHEIM Gehen wir.

Sie führen ihn ab.
Glauser und Schlatter bleiben.

SCHLATTER Hauswart, Luft und Licht in die Stinkbude!

Glauser reißt die Vorhänge zurück, öffnet die Fenster, löscht die Kerzen.

GLAUSER Den Herrn Nobelpreisträger bringen auch Sie nicht unter die Erde, Herr Professor.
SCHLATTER Sie haben keine Ahnung von der modernen Medizin, mein Lieber.

Glauser ab.

SCHWITTER Ich kann nichts für Ihre Fehldiagnosen.
SCHLATTER Fehldiagnosen. *Öffnet das Köfferchen.* Ich stellte in Ihrem Falle keine Fehldiagnosen, mein Bester.
SCHWITTER Ich bin schließlich nicht tot.
SCHLATTER Nicht mehr.
SCHWITTER Reden Sie mir nur nicht auch noch ein, ich sei auferstanden.
SCHLATTER Ich tische Ihnen sicher keine theologische Begründung auf.
SCHWITTER Ein Skandal, daß ich noch lebe.
SCHLATTER Das kann man wohl sagen, mein Lieber. *Entnimmt dem Köfferchen ein Stethoskop, setzt sich an den Tisch.* Untersuchen wir Sie wieder mal. Kommen Sie her.

Schwitter legt die Zigarre auf den Ofen links und stellt sich vor Schlatter hin.

SCHLATTER Zuerst den Puls.
SCHWITTER Er ging vorhin sehr langsam.
SCHLATTER Klappe halten! *Greift.* Junge. *Starrt ihn ungläubig an.* Freimachen! *Untersucht ihn mit dem Stethoskop. Zuerst das Herz.* Nicht atmen. Atmen. Nicht atmen. *Untersucht die Lunge, Rücken.* Tief atmen. Tief atmen. Husten. *Schwitter führt alle Befehle aus.* Menschenskind. *Starrt ihn aufs neue ungläubig an.* Hinsetzen! *Schwitter setzt sich in den Lehnstuhl.* Neugierig auf den Blutdruck. *Legt ihm den Blutdruckmesser um, mißt.* Heiliger Äskulap. *Mißt.*

Der Angstschweiß bricht mir aus. *Starrt vor sich hin.*
SCHWITTER Untersucht?
SCHLATTER Untersucht. *Legt den Blutdruckmesser und das Stethoskop ins Köfferchen zurück.*

Schwitter erhebt sich.

SCHLATTER Heiß. *Reinigt die Brille.* Als ob die Sonne überhaupt nicht unterginge.
SCHWITTER Der längste Tag.
SCHLATTER Der Jüngste Tag. *Setzt die Brille wieder auf.* Wenigstens für uns Mediziner. Freundchen, ich bin eigentlich gekommen, Ihren werten Leichnam sicherzustellen.
SCHWITTER Nehme ich an.
SCHLATTER Noch nicht soweit.
SCHWITTER Endlich werden auch Sie ungeduldig.
SCHLATTER Mein Bester, die Medizin erlitt die größte Schlappe des Jahrhunderts. Ihre Herztöne und Lungengeräusche sind prachtvoll in Ordnung.

Schweigen.

SCHLATTER Mir ist trostlos zu Mute.

Schweigen.

SCHLATTER Einfach scheußlich. *Erhebt sich.* Auch der Blutdruck ist nahezu ideal.
SCHWITTER Das ist nicht wahr! Ich verfaule, ich verwese! Ich liege in den letzten Zügen!
SCHLATTER Ihre Konstitution ist einmalig.

SCHWITTER Sie lügen.
SCHLATTER Verehrter Meister, wenn Sie mir jetzt nicht glauben –
SCHWITTER Sie logen immer.
SCHLATTER Ich bin Chirurg.
SCHWITTER Noch eine Operation, mein Lieber, und wir sind über den Damm, noch ein kleiner Eingriff, verehrter Meister, und wir haben das Schlimmste hinter uns, noch eine Behandlung, mein Bester, und wir sind wieder flott.
SCHLATTER Flunkern war bei Ihrem katastrophalen Zustand ein schlichtes Gebot der Menschlichkeit.
SCHWITTER Ich glaube Ihnen kein Wort.
SCHLATTER Ein Grund, Sie anzuschwindeln, besteht moralisch nicht mehr.
SCHWITTER *brüllt* Ich sterbe.
SCHLATTER Sicher einmal.
SCHWITTER Jetzt!

Schweigen.

SCHWITTER Seit Stunden warte ich auf meinen Tod!
SCHLATTER Ich seit Monaten, und nun ist sogar Ihre Peristaltik wieder in Schwung geraten.

Verleger Koppe betritt das Atelier mit einem Kranz, stutzt.

KOPPE Nanu! Schwitter!

Schwitter springt ins Bett.

KOPPE Professor Schlatter! Er lebt schon wieder!

SCHLATTER Und wie.
KOPPE Sapperlot! Können Sie mir erklären –
SCHLATTER Es gibt nichts zu erklären.
KOPPE Aber Sie stellten doch seinen Tod fest.
SCHLATTER Sicher.
KOPPE Zum zweiten Male. In meiner Anwesenheit.
SCHLATTER Er war auch zum zweiten Male tot.

Er befestigt die Röntgenbilder an der Schnur, an der die Windeln hingen.

KOPPE Einfach genial.
SCHWITTER Ich finde es gar nicht genial, ich finde es hundsgemein.
KOPPE Ich bin in rasender Eile! Ich komme nur auf einen Sprung. Weiß Gott, ich bin es gewohnt, von meinen Autoren was zu erleben, doch was du dir da leistest, Wolfgang, ist mir noch nicht vorgekommen. Wie machst du das eigentlich?
SCHWITTER Keine Ahnung.
KOPPE Gestatte, daß ich mich zu dir setze. *Stellt den Kranz an den Ofen links.* Von mir. Privat. *Setzt sich zu Schwitter auf den Bettrand.* Nur um zu verschnaufen. Ich muß gleich weiter. Verlegerbankett, Bühnenverband, Gottfried Keller-Stiftung – Und rauchen tust du auch.
SCHWITTER Meine letzte Zigarre.
KOPPE Einfach genial! Sich vorzustellen, daß ich dir in diesem Atelier schon einmal die Augen zudrückte!
SCHWITTER Aufmerksam.
KOPPE Deine Hände faltete.
SCHWITTER Nett.

KOPPE Die Blumen und Kränze ordnete.
SCHWITTER Lieb.
KOPPE Sag mal, hast du selber ummöbliert?
SCHWITTER Selber.
KOPPE Phantastisch. Eben traf ich in der Bar deinen Sohn. Er behauptet, du hättest deine letzten Manuskripte verbrannt.
SCHWITTER Sie waren nichts wert.
KOPPE Auch seien anderthalb Millionen verglüht.
SCHWITTER Ich fror.
KOPPE Einfach genial.
SCHWITTER Davon gehörten dreihunderttausend dir.
KOPPE Fünfhunderttausend. Großartig. Mein Verlag ging sozusagen mit in Flammen auf.
SCHWITTER Ruiniert?
KOPPE Nach Strich und Faden.
SCHWITTER Deshalb bist du gekommen?
KOPPE Mein Lieber, ich konnte wirklich nicht annehmen, daß ich mich noch einmal in diesem Leben mit dir unterhalten könnte. Ich wollte eine stille Minute bei meinem toten Freund verbringen, das war alles. Doch muß ich davonstürzen. Wolfgang, ich drücke dir zum letzten Mal die Hand. Stirbst du wirklich?
SCHWITTER Wirklich.
KOPPE Bist du sicher?
SCHWITTER Ganz sicher.
KOPPE Man könnte dich sonst ins Christliche uminterpretieren, und mein Verlag wäre gerettet.
SCHWITTER Nichts zu machen.
KOPPE Warten wir ab. *Erhebt sich.* Ich würde an deiner Stelle langsam mißtrauisch. Sterben ist bei dir geradezu eine Geisteshaltung geworden, du stirbst mit einer

Energie drauflos, der niemand mehr gewachsen ist.
Dabei lebst du aber, kommt dir das denn nicht auch
unheimlich vor? Du solltest es wieder mit dem Leben
versuchen, Wolfgang, wenigstens solange du lebst.
Doch nun hinaus. Im Eiltempo! Professor, mir graut
vor Ihnen. Respekt vor Ihrer Kunst, aber diesmal
scheinen Sie mir ganz fatale Irrtümer begangen zu
haben.

Koppe ab.
Schwitter erhebt sich, wirft die Zigarre in den Ofen links.

SCHWITTER Machen wir Schluß.

Krempelt den linken Ärmel seines Pyjamas hoch, geht zu Schlatter.

SCHLATTER Ja, mein Lieber, dazu sind Sie moralisch und
medizinisch verpflichtet. Ihre Lunge ist eine Ruine.
Dabei weist er auf die Röntgenbilder. Ihre Nieren ein
Trümmerhaufen, Ihr Herz ein Totenacker, durch-
pflügt von unzähligen Infarkten. Ihr Hirn eine Kalk-
ablagerung und Ihre Prostata –
SCHWITTER Es wird erbärmlich. Geben Sie mir eine
Spritze.

Schlatter wirft Schwitter auf das Bett zurück.

SCHLATTER Hätt ich nur! Hätt ich nur! Mein Lieber, ich
war unzählige Male nahe daran, Ihnen aus lauter
Barmherzigkeit eine tödliche Dosis zu injizieren. Kein
Mensch hätte mir einen Vorwurf gemacht. Sie waren

der schönste hoffnungslose Fall, den ich auf dem Schragen hatte. Doch statt sie einfach sterben zu lassen, muß mich der Teufel reiten, und ich kämpfe um Ihr Leben. Tagelang kam ich nicht aus den Klamotten! Ich schloß Sie an eine künstliche Niere, ich operierte Därme aus Plastik in Ihren Bauch. Ich pumpte Ihre Lungen mit Giftgas voll. Ich verseuchte Sie mit radioaktiven Elementen. Ohne an Ihre Heilung zu glauben, das ist das Tragische. Ich stemmte mich blindwütig gegen Ihren Exitus, aber jeder Assistenzarzt, der Ihrem Leben auch nur die leiseste Chance gegeben hätte, wäre von mir eigenhändig aus der Klinik geworfen worden!

SCHWITTER Spritzen Sie endlich!

SCHLATTER Sie sind wohl von Sinnen.

SCHWITTER Ich flehe Sie an.

SCHLATTER Unmöglich.

SCHWITTER Ihre Skrupel sind unverständlich.

SCHLATTER Skrupel? Verehrtester, Sie waren so liederlich, nicht zu sterben, seien Sie nun wenigstens so anständig, sich in meine Haut zu versetzen! Wenn ich Ihnen in der Klinik eine Spritze gegeben hätte, wären Sie längst begraben, gebe ich sie Ihnen jetzt, läßt der Staatsanwalt m i c h begraben. Begreifen Sie denn meine Zwangslage nicht? *Tobt.* Es ist schauerlich. Die denkende Welt ist von meiner Lächerlichkeit überzeugt und die glaubende von Ihrer Auferstehung, Menschenskind, d a s ist die Katastrophe. Für die einen bin ich verblödet und für die andern von Gott veräppelt, so oder so bin ich blamiert. *Setzt sich an den Tisch.* Daß mir ausgerechnet ein Nobelpreisträger auferstehen muß! Der Gesundheitsminister schnauzte mich telephonisch an, und der Kulturminister war nur zu beruhigen, indem ich ihm Ihren Tod für heute nachmittag hoch und heilig in die Hand versprach: Nun steht er da mit seiner Rede und mit seinem Staatsbegräbnis. Der Skandal ist gigantisch. Alles fällt auf mich. Dabei schenkte ich der Welt die Schlattersche Quetschzange und verbesserte die Knochensäge! Nehmen Sie Ihren Mantel.

SCHWITTER Wozu?

SCHLATTER Sie kehren mit mir stante pede in die Klinik zurück.

SCHWITTER In die Klinik?

SCHLATTER Sie hören schon richtig, mein Lieber.

SCHWITTER Was soll ich dort?

SCHLATTER Ich nehme Sie klinisch auseinander, daß Ihnen Hören und Sehen vergeht. Ich fühle den Auferstehungen mal auf den Zahn. Ich wette, daß Sie überhaupt noch leben, ist ein rein neurotisches Phänomen.

SCHWITTER Der Tanz soll aufs neue beginnen.

SCHLATTER Es gibt keine andere Möglichkeit, mich zu rehabilitieren. Man lauert längst auf meinen Fall. Wenn ich nicht einwandfrei beweise, daß Sie zweimal gestorben sind, finde ich nicht einmal mehr bei den Unterentwickelten ein Fortkommen.

SCHWITTER Es wird immer unanständiger.

SCHLATTER Sausen wir los!

SCHWITTER Um mich weiterzuquälen!

SCHLATTER Um Sie endlich heilen zu können! *Setzt sich zu Schwitter ans Bett, wird väterlich.* Endgültig. Machen Sie sich doch nichts vor! Über Ihren Allgemeinzustand dürfen wir Loblieder singen, aber sonst! Ihr Magen muß raus, habe ich immer gepredigt. Ist ihre Speiseröhre einmal direkt mit Ihrem Dünndarm verbunden, liegt nicht nur eine momentane, sondern auch eine dauernde Besserung im Bereich des Möglichen. Courage, verehrter Meister, nur jetzt nicht schlappmachen. Sogar i c h bin optimistisch.

Schweigen.

SCHWITTER Nein.
SCHLATTER Schwitter!
SCHWITTER Ich will nicht wieder hoffen.
SCHLATTER Mann Gottes, Sie d ü r f e n wieder hoffen!
SCHWITTER Ich habe genug gehofft. Ich pfeife auf die Hoffnung.

Schweigen.

SCHLATTER Soll das heißen – *Erhebt sich.* Verehrter Meister, ich falle aus allen Wolken. Sie weigern sich, mich zu begleiten?
SCHWITTER Lassen Sie mich allein! *Deckt sich zu.*
SCHLATTER Es läuft mir eiskalt über den Rücken. Ich kämpfe um Ihr Leben, und Sie lassen mich im Stich.
SCHWITTER Sie lassen m i c h im Stich.
SCHLATTER Herr Schwitter – *Geht zum Lehnstuhl.* Sie dürfen mich nicht davonjagen.
SCHWITTER Machen Sie, daß Sie hinauskommen!
SCHLATTER Ich bin Arzt. Ich verlor das Vertrauen meiner Patienten. Geben Sie mir noch eine Chance!
SCHWITTER Wir haben beide keine Chance mehr.
SCHLATTER Sie vernichten mich.
SCHWITTER Vielleicht.

SCHLATTER Diese Demütigung ertrage ich nicht.
SCHWITTER Möglich.
SCHLATTER Ich mache mit meinem Leben Schluß.
SCHWITTER Kann sein.
SCHLATTER Ich bringe mich um.
SCHWITTER Ihr Egoismus geht ins Gigantische.
SCHLATTER Ich flehe Sie an.
SCHWITTER Meine letzten Minuten möchte ich ohne Ihre Visage erleben.

Schweigen.

SCHLATTER Jetzt bringt Ihre Todesraserei auch mich zur Strecke.

In der Türe erscheint Frau Nomsen, dick, hart, dunkles Kleid, Hut, in der Hand weiße Nelken.

FRAU NOMSEN Großer Gott!
SCHWITTER Wer sind denn Sie jetzt?
FRAU NOMSEN Der Herr Schwitter! Da bin ich aber verlegen. Das kommt unerwartet. Die Herren entschuldigen, ich muß mich setzen, ich bin eine alte Frau, reif für den Friedhof, überreif, die Anstrengung des Treppensteigens, die Überraschung – *Watschelt nach vorne.* Sitze gern hart, im Hotel Bellevue sitze ich auch hart. *Setzt sich.* Ich bin dort Abortfrau, Herr Schwitter, und darum kenne ich Sie. Ich überblicke von meinem Posten aus die Frauen- und Männerabteilung. Großer Gott, meine Beine. Geschwollen. *Massiert ihre Beine.*
SCHLATTER Das ist das Ende. *Taumelt ab.*
FRAU NOMSEN Das war Professor Schlatter. Kenne ihn auch.

SCHWITTER Raus mit Ihnen oder ich werde handgreiflich!
FRAU NOMSEN Ich bringe Blumen.
SCHWITTER Kein Bedarf.
FRAU NOMSEN Nehmen Sie sie ungeniert. Sie kosten mich nichts. Ich beziehe sie von einem Totengräber, und der stiehlt sie frisch vom Grab. Ich wollte die Nelken auf Ihr Totenbett legen, Herr Schwitter, ich sehe Leichen fürs Leben gern, doch nun sind Sie gar nicht gestorben. Im Gegenteil. Sie sehen wie neugeboren aus. Strotzend, das ist der richtige Ausdruck. Als ich Sie zum letztenmal im Bellevue sah, wirkten Sie blaß und aufgedunsen, bloß, natürlich, die Beleuchtung ist schummrig. Bitte. *Hält ihm entrüstet die Blumen hin.*
SCHWITTER *ärgerlich* Ich nehme nicht an, daß Sie als Verehrerin meiner Werke gekommen sind.
FRAU NOMSEN Auch, Herr Schwitter, auch. Ich besuche jeweilen die Volksvorstellungen und finde Ihre Stücke hochbegabt.
SCHWITTER *grob* Schmeißen Sie das Gemüse zu den Kränzen und gehen Sie!

Sie wirft die Blumen auf das Bett.

FRAU NOMSEN Ich bin Frau Nomsen. Frau Wilhelmine Nomsen, Olgas Mutter. Sie sind mein Schwiegersohn.
SCHWITTER Die Kleine erzählte mir nie von Ihnen.
FRAU NOMSEN Will ich hoffen. Das verbot ich strikte. Eine Abortfrau als Mutter hätte ihrer Karriere geschadet, die Männer sind in diesem Punkt empfindlich, und gar ein Nobelpreisträger – nein, Herr Schwitter, das war Ihnen nicht zumutbar, ich bewunderte Sie lieber im verschwiegenen – also ich muß staunen, wie

prächtig Sie aussehen. Blühend. Dabei glaubte Olga, Sie stürben.

SCHWITTER Sie täuschen sich gewaltig. *Richtet sich auf.* Wenn Sie einem Sterbenden eine letzte Bitte erfüllen wollen, zünden Sie die Kerzen an, bevor Sie gehen, und ziehen Sie die Vorhänge!

FRAU NOMSEN Gern, Herr Schwitter, gern. Bloß aufstehen, Herr Schwitter, jetzt wo ich sitze – nein. Ich bin eine alte kranke Frau, und Sie konstatieren selber, wie ich schnaufe. *Schnauft.*

SCHWITTER Na schön. Dann erweis ich mir den letzten Liebesdienst eben selber. *Erhebt sich, zieht die Vorhänge, geht zu den Kerzen.*

FRAU NOMSEN Der Grund, Herr Schwitter, weshalb ich gekommen bin: Olga ist tot.

Schweigen.

SCHWITTER Olga?

Er zündet die Kerzen an. Im Atelier ist es wieder feierlich.

FRAU NOMSEN *sachlich* Mein Kind nahm in meiner Wohnung Gift, mein Herr, sie kannte einmal auch einen Apotheker, vor der Ehe mit Ihnen natürlich.

Schwitter setzt sich langsam auf den Bettrand nieder.

SCHWITTER Das kommt mir unerwartet.

FRAU NOMSEN Sie muß gleich tot gewesen sein. In ihrer Handtasche fand ich die Adresse dieses Ateliers.

SCHWITTER Tut mir leid, Frau –

FRAU NOMSEN Nomsen. Mein Vater war ein Franzose, hieß dö – dö – jedenfalls hieß er französisch, und Olgas

Vater war auch ein Franzose, nur wie er hieß, weiß ich
nicht, ebenso die Väter von Inge und Waldemar, ich
habe noch zwei weitere Kinder. Eine Familie muß
logisch zusammengeboren werden, bloß keine Phantasiemischung. *Schnauft.* Mein Herz. Na ja, ideal ist die
Luft im Bellevue gerade nicht, trotz der Klimaanlage.
Man serbelt ab. *Öffnet ihre Handtasche.* Bemühen Sie
sich nicht! Aber ich muß jetzt eine Pille nehmen.
SCHWITTER Selbstverständlich.

*Er geht in den Hintergrund, kommt mit einem Glas
Wasser zurück.*

SCHWITTER Bitte.

Frau Nomsen nimmt eine Pille, trinkt.

FRAU NOMSEN Die Inge kennen Sie auch.
SCHWITTER Nicht daß ich wüßte.
FRAU NOMSEN Sie tritt unter dem Namen Inge von Bülow
auf.
SCHWITTER Ich erinnere mich an den Namen dunkel.
FRAU NOMSEN Sie erinnern sich nicht an den Namen
dunkel, sondern an ihre großartigen Brüste. Inge ist
Striptease-Künstlerin und besitzt ein internationales
Renommee. Auch Waldemar ist gut gewachsen. Er
war ein liebes Kind, etwas still und verträumt, aber das
war ich ja auch, und ich ließ ihn besonders sorgfältig
erziehen, Sekundarschule, Handelsgymnasium, da
geht er hin und unterschlägt bei Häfliger und Kompanie. Nicht daß ich etwas gegen Kriminelle hätte, meine
Mutter war eine, und mein Vater soll auch einer gewesen sein, doch dazu braucht man keine Bildung, der
gesunde Menschenverstand reicht. Bildung braucht

man, um mit geringerem Risiko größere Geschäfte abzuwickeln, als das kriminell je möglich wäre. Schwamm darüber. Die vier Jahre sind bald um. Im September, und in die Armee braucht er auch nicht einzutreten, die nehmen zum Glück keine Kriminellen.

SCHWITTER Meine gute Frau Momsen –
FRAU NOMSEN Nomsen, nicht Momsen. Komisch. Viele sagen Momsen zu mir. Auch der Direktor im Bellevue sagt immer Momsen. Er verirrt sich öfters zu mir herunter, obgleich er doch eine private Bequemlichkeit – großer Gott, mein Rücken. Die sitzende Lebensweise, die Zugluft, die Nässe – im Bellevue unten ist zwar alles isoliert, aber vom ewigen Spülen wird mit der Zeit jede hygienische Anlage feucht – ich setze mich doch lieber in den Lehnstuhl. *Erhebt sich mühsam, ebenso Schwitter.*
SCHWITTER Darf ich Ihnen behilflich –
FRAU NOMSEN Lieber nicht. Sie sind Nobelpreisträger, und ich bin Abortfrau, Welten trennen uns, da muß die Distanz gewahrt bleiben. *Watschelt zum Lehnstuhl, setzt sich, faltet die Hände und schnauft, schließt die Augen.*
SCHWITTER Stören Sie die Kerzen?
FRAU NOMSEN Lassen Sie die bloß brennen! Die Beleuchtung ist wie im Bellevue unten vor der Renovation.
SCHWITTER Schwül.
FRAU NOMSEN Mich friert.

Schwitter bedeckt ihre Beine mit seinem Pelzmantel, holt vom Bett ein Kissen, stopft es hinter ihren Rücken, stellt ihre Nelken in einer Wasserkaraffe auf den Tisch.

FRAU NOMSEN *zurückgelehnt, jenseitig* Herr Schwitter, ich möchte noch einmal betonen, daß nur die falsche Nachricht von Ihrem Tode uns verhängnisvoll zusammenfügt. Doch nun ist das Unglück geschehen, und ich muß Sie mir vorknöpfen.

Schwitter setzt sich wieder aufs Bett.

FRAU NOMSEN *majestätisch* Ich bereitete Olga gewissenhaft auf ihren Beruf vor. Sie hatte es leichter als ich, sie blieb von den Unbequemlichkeiten des konventionellen Strichs verschont, ich mußte mich hinaufarbeiten, und wenn ich in meinem Alter noch als Abortfrau tätig bin, so doch bloß, weil die naturbedingte Änderung der Geschäftstaktik es nötig macht: Ich lebe von den Adressen, die die Herren von mir erfragen, steigen sie im Bellevue herunter, der Portier ist mit zwanzig Prozent, die Mädchen mit dreißig beteiligt. Sie sehen, ich bin nicht unsozial. Olga dagegen? Ich ließ meinem Kinde achtzig Prozent, freilich bekam der Portier nichts, sie besaß eine angenehme Wohnung, und das Luder muß heiraten!

Schwitter will etwas sagen, doch Frau Nomsen läßt ihn streng und unerbittlich nicht zu Wort kommen.

FRAU NOMSEN Ich weiß, Sie waren mit ihr glücklich. Sie vergnügten sich mit ihr, aber dazu war sie schließlich da. Weshalb dann noch eine Ehe? Wo wäre ich heute, Herr Schwitter, wenn ich eine Ehe geführt hätte? Ich will es Ihnen sagen, nicht auszudenken wäre das. Und jetzt? Ich besitze zwei Villen im englischen Viertel und ein Geschäftshaus im Zentrum. Nein, Herr Schwitter, unsereiner wird in Ehren grau, aber verheiratet sich nicht. Man hat seinen Stolz, oder geht unter. Die Bestätigung haben wir jetzt. Wir beklagen mein Kind. Wissen Sie warum? Weil sich Olga Gefühle leistete, ich warnte sie immer davor, doch einer Mutter Wort schlägt man in den Wind. Sie, als Schriftsteller, leisteten Sie sich je Gefühle in Ihrem Beruf? Sehn Sie! Gefühle hat man nicht zu haben, die hat man zu machen. Wenn der Kunde es verlangt. Gefühle gehören nicht ins Geschäft, es sei denn, man mache eines damit. Mein Kind hat ein verdammt schlechtes gemacht.

Sie nimmt erneut eine Pille, Schwitter bringt ihr erneut das Wasserglas.

SCHWITTER Frau Nomsen –
FRAU NOMSEN Das mußte einmal gesagt sein, Herr Schwitter.
SCHWITTER Meine verehrte Frau Schwiegermama –
FRAU NOMSEN Frau Nomsen bitte.
SCHWITTER Meine verehrte Frau Nomsen –
FRAU NOMSEN Herr Schwitter, ich besitze nicht Ihre saftige Gesundheit. Ein Wunder, daß ich noch lebe. Ich tue es bloß wegen Waldemar. Ich muß ihm die Wohnung sauberhalten und sie in Ordnung übergeben können, kehrt er heim, jetzt, wo Inge in den Vereinigten Staaten von Amerika arbeitet. Der Junge darf sich keine Illusionen mehr machen. Er hat zu lernen, nichts als ein reicher Mann zu sein, das hämmere ich ihm ein. Er hat von den Zinsen zu leben, und damit basta. Ich

kenne ihn. Arbeitet er, kommt er auf Ideen und landet gleich im Zuchthaus. Unsere Kinder haben das Recht, untüchtiger als wir zu sein, Herr Schwitter. Der Tod Olgas ist mir eine fürchterliche Lehre! Ich wollte beruflich zu hoch hinaus mit ihr, doch dem Geschäftsleben war sie nicht gewachsen und flüchtete in Ihre Arme. In die Arme eines Nobelpreisträgers!

Schweigen.

SCHWITTER Ich danke Ihnen, meine liebe Frau Nomsen, daß Sie zu mir heraufgestiegen sind. Endlich kann ich mit jemandem reden. Sie sind mir ungemein sympathisch. Sie verkaufen Fleisch für Geld, ein ehrliches Geschäft. Ich beneide Sie. Sie gaben sich mit Hurerei ab, ich bloß mit Literatur. Gewiß, ich gab mir Mühe, anständig zu bleiben. Ich schrieb nur, um Geld zu verdienen. Ich ließ keine Moralien und Lebensweisheiten von mir. Ich erfand Geschichten und nichts weiter. Ich beschäftigte die Phantasie derer, die meine Geschichten kauften, und hatte dafür das Recht zu kassieren, und kassierte. Mit einem gewissen Stolz, Frau Nomsen, darf ich nachträglich sogar feststellen: Ich war Ihnen geschäftlich und moralisch nicht ganz unebenbürtig. *Erhebt sich.* Doch zur Sache. Die Kleine ist tot. Ich will mich weder rechtfertigen noch beschuldigen, derartige Geschmacklosigkeiten erwarten Sie nicht von mir. Schuld, Sühne, Gerechtigkeit, Freiheit, Gnade, Liebe, ich verzichte auf die erhabenen Ausreden und Begründungen, die der Mensch für seine Ordnungen und Raubzüge braucht. Das Leben ist grausam, blind und vergänglich. Es hängt vom Zufall ab. Eine Unpäßlichkeit zur rechten Zeit, und ich wäre Olga nie begegnet. Wir hatten Pech miteinander, das ist alles –

Schweigen.

SCHWITTER Sie schweigen, Frau Nomsen. Für Sie hat das Leben noch einen Sinn. Ich ertrug mich nicht einmal selber. Ich dachte beim Essen einem Auftritt nach und beim Beischlaf einem Abgang. Vor der ungeheuerlichen Unordnung der Dinge kerkerte ich mich in ein Hirngespinst aus Vernunft und Logik ein. Ich umstellte mich mit erfundenen Geschöpfen, weil ich mich mit wirklichen nicht abgeben konnte, denn die Wirklichkeit ist nicht am Schreibtisch faßbar, Frau Nomsen, sie erscheint nur in Ihrer blaugekachelten Unterwelt. Mein Leben war nicht wert, daß ich es lebte.

Schweigen.

SCHWITTER Denn es kamen die Schmerzen, Frau Nomsen, es kamen die Spritzen, es kam das Messer. Es kam die Erkenntnis, das Wissen. Es gab keine Flucht mehr in die Phantasie. Die Literatur ließ mich im Stich. Es gab nichts als meinen alten, fetten, brandigen Leib. Es gab nichts als das Entsetzen.

Schweigen.

SCHWITTER Da ließ ich mich fallen. Ich fiel und fiel und fiel. Nichts mehr hatte Gewicht, nichts mehr einen Wert, nichts mehr einen Sinn. Der Tod ist das einzig

Wirkliche, Frau Nomsen, das einzig Unvergängliche. Ich fürchte ihn nicht mehr. *Stutzt.* Frau Nomsen!

Schweigen.

SCHWITTER Frau Nomsen! *Starrt sie an.* Reden Sie doch, Frau Nomsen! *Geht zu ihr, berührt ihre Stirn.* Frau Nom – *Entsetzen ergreift ihn.* Auguste!

Schweigen.

SCHWITTER Weggelaufen! Hauswart! *Reißt einen Vorhang zurück.* Die verfluchte Sonne! Sie geht auch nicht unter! *Rennt zur Türe, reißt sie auf.* Hauswart!

In der Türe steht Jochen.

JOCHEN Mit den Tantiemen ist es auch nichts.

Schwitter kauert sich aufs Bett. Jochen schaltet das Radio an.

JOCHEN Ich komme aus der Bar. Koppe hat mich aufgeklärt. Du bist aus der Mode gekommen, Alter. Deine Bücher verschimmeln in Leihbibliotheken, deine Stükke sind vergessen. Die Welt will harte Tatsachen, keine erfundenen Geschichten. Dokumente, keine Legenden. Belehrung, nicht Unterhaltung.

Schwitter steht auf und bedeckt Frau Nomsen mit dem Pelzmantel. Setzt sich wieder aufs Bett.

JOCHEN Der Schriftsteller engagiert sich oder wird überflüssig.

SCHWITTER Komm her!
JOCHEN Ich bin aufgetaucht, um beim Anblick deiner Leiche einige gotteslästerliche Flüche auszustoßen. *Er betrachtet die bedeckte Gestalt.* Wer zum Teufel –
SCHWITTER Frag nicht! Tot ist tot! Setz dich!

Jochen gehorcht.

SCHWITTER Näher! Ich habe Angst.
JOCHEN Wovor?
SCHWITTER Daß ich wieder leben muß.
JOCHEN Unsinn.
SCHWITTER Ewig leben.
JOCHEN Kein Mensch lebt ewig.
SCHWITTER Ich auferstehe immer.
JOCHEN Du wirst es schon noch schaffen.
SCHWITTER Ich glaube nicht mehr daran. Alle gingen zugrunde in diesem verfluchten Atelier: Der Pfarrer, der Maler, der große Muheim, Olga, der Arzt und die fürchterliche Frau Nomsen, und nur ich muß weiterleben.
JOCHEN Stimmt nicht, Alter. Du hast mich vergessen. Auch ich muß weiterleben. Ich bin kein Kerl geworden. Ich muß einige abgetakelte Weiber finden, die mich aushalten. Schade. Ich wollte nicht viel. Ich wollte nur dein Vermögen. Geld stinkt nicht. Die anderthalb Millionen waren das einzig Anständige an dir. Ich wollte damit ein ehrlicheres Leben führen als du eines führtest mit deinem Kunstrummel und mit deinem Geist, ich wollte frei sein und deinen Ruhm ausspeien, da hast du mich mit einigen Streichhölzern erledigt.

Jochen schaltet das Radio ab.

JOCHEN Es ist aus mit der Schwitterei.

Er bricht zusammen und fällt in die angelehnten Kränze. Gleichzeitig hört man einen Sopran über Lautsprecher singen. Die beiden Vorhänge öffnen sich langsam. Dahinter werden, außerhalb der Atelierfenster, unwirklich, wie im Himmel, Heilsarmisten sichtbar; von der Treppe herauf kommt langsam der Major der Heilsarmee, Friedli, ins Atelier.

SOPRAN
    Morgenglanz der Ewigkeit
    Licht vom unerschaffnen Lichte
    Schick uns diese Morgenzeit
    Deine Strahlen zu Gesichte.

MAJOR FRIEDLI Ich bin Major Friedli von der Heilsarmee.

HEILSARMEE *zur Musik aus Händels Messias* Halleluja!

SCHWITTER Hinaus! Fort!

MAJOR FRIEDLI *unbeirrt* Willkommen seist du, den Jesus Christus heiligte!

HEILSARMEE Halleluja!

SCHWITTER Ihr seid im falschen Lokal. Hier wird nicht gepredigt, hier wird gestorben!

MAJOR FRIEDLI Gegrüßt seist du, Auferstandener!

HEILSARMEE Halleluja!

MAJOR FRIEDLI Dir geschah nach deinem Glauben! Du bist berufen zum ewigen Leben!

SCHWITTER Ich bin berufen zum Sterben, allein der Tod ist ewig. Das Leben ist eine Schinkluderei der Natur sondergleichen, eine obszöne Verirrung des Kohlenstoffs, eine bösartige Wucherung der Erdoberfläche, ein unheilbarer Schorf. Aus Totem zusammengesetzt, zerfallen wir zu Totem.

Es setzt ein kurzes Posaunenvorspiel ein.

SCHWITTER *steht auf* Zerreißt mich, ihr Himmelstrommler!
HEILSARMEE Halleluja! Halleluja!
SCHWITTER Zerstampft mich, ihr Handorgelbrüder!
HEILSARMEE Halleluja! Halleluja!
SCHWITTER Schmettert mich die Treppe hinunter, ihr Psalmenjodler!
HEILSARMEE Halleluja! Halleluja!
SCHWITTER Seid gnädig ihr Christen!
HEILSARMEE Halleluja! Halleluja!
SCHWITTER *geht zu Friedli und erwürgt ihn* Schlagt mich mit euren Gitarren und Posaunen tot!
HEILSARMEE *zum letzten Mal breites* Halleluja!

Friedli bricht zusammen.

SCHWITTER Wann krepiere ich denn endlich! *Dreht sich nach hinten.* Wann krepiere ich denn endlich! *Er läuft die Treppe hinab.* Wann krepiere ich denn endlich! Wann krepiere ich denn endlich!

Es setzt monumental der Chor ein.

CHOR Und vertreib durch deine Macht

Blackout.

CHOR Unsre Nacht

Vorhang.

Dichterdämmerung
Eine Komödie

Personen

Der Autor
Der Besucher
Erste junge Dame
Zweite junge Dame
Der Sekretär
Der Hoteldirektor

Ort der Handlung:

Ein Hotelzimmer in Iselhöhebad,
dessen Beschaffenheit aus dem
Text hervorgeht.

Geschrieben im Mai/Juni 1980

Der Autor tritt vor den Vorhang.

DER AUTOR Meine Damen, meine Herren. Zu Beginn halte ich es für meine Pflicht, Ihnen den Ort dieser vielleicht etwas seltsamen, aber – ich schwöre es – wahren Geschichte zu beschreiben. Sie stutzen. Ich gebe zu, es ist nicht ganz ungefährlich, eine wahre Geschichte zu erzählen, jemand von der Polizei oder gar ein Staatsanwalt könnte schließlich zugegen sein, wenn auch nicht gerade dienstlich; doch darf ich es insofern wagen, weil ich genau weiß, daß Sie, meine Damen und Herren, diese meine wahre Geschichte nicht für wahr halten, wenigstens offiziell nicht; denn in Wirklichkeit – inoffiziell sozusagen – wissen Sie natürlich – Hand aufs Herz – ganz genau, auch der möglicherweise anwesende Staatsanwalt oder Polizist, daß ich nur wahre Geschichten zum besten gebe. Doch stutzen Sie nicht nur aus diesem Grund. Wenn ich Ihnen schon eine wahre Geschichte erzähle, fragen Sie mit Recht, warum dann noch die Beschreibung des Ortes, stellte mir doch dazu die Direktion dieses Hauses eine ganze Bühne zur Verfügung, weder Mühe noch Kosten scheuend. Meine Damen und Herren, das ist es eben. Daß es Mühe bereitet und etwas kostet, mich zu engagieren, jammert Ihnen schon längst die Presse vor. Die Gagen, die meinesgleichen das Recht

besitzen, zu fordern, und deshalb auch erhalten – wenn sie auch viele erhalten, die nicht das Recht besitzen, für meinesgleichen zu gelten: streng genommen, besitze nur ich das Recht, meinesgleichen zu sein –; diese Gagen, wird geklagt, seien der Grund der immensen Defizite, die trotz der noch immenseren Subventionen die Direktion verzweifeln lassen. Daß ich nicht lache, meine Damen und Herren! Wenn sich der Vorhang hebt, werden Sie sehen, was der Direktion wirklich Mühe und Kosten bereitete und ihr Budget ruinierte: das Bühnenbild unseres weltberühmten Lothar Kegel. Es kostete das Theater eine Summe, gegen die meine Gage ein Trinkgeld ist, auch wenn jene Summe zur Hälfte vom hiesigen Kunstverein aufgebracht wurde, der das Bühnenbild später dem Kunstmuseum schenkt, das, um es auszustellen, wiederum für einige Millionen anbauen muß – nun, das nennt man hierzulande Kunstförderung.
Bitte! Der Vorhang geht hoch.

Vorhang auf.

DER AUTOR Meine Damen und Herren, Sie stutzen schon wieder, aber diesmal nicht über mich, sondern über unseren weltberühmten Konkreten Lothar Kegel und darüber, was diese Bühne voller Drei- und Vierecke, voller Kuben und Kugeln und zusammengekegelter Kegelstümpfe und -schnitte konkret denn darstellen soll: Daß ich Ihnen diesen Ort nun beschreibe, nämlich so, wie er nicht konkret, sondern in Wirklichkeit aussieht, darüber stutzen Sie jetzt nicht mehr. Machen wir uns denn an die Arbeit. Betrachten wir Kegels

Bühnenbild: Sie brauchen nur die Augen zu schließen, dann sehen Sie den Raum deutlich vor sich. Nur Mut. Phantasie besitzen Sie wie alle Menschen, auch wenn Sie es vielleicht bezweifeln. Darf ich um eine kleine Anstrengung bitten? Stellen Sie sich den Salon eines Grandhotel-Appartements vor. Der Preis von Räubern abgekartet. Modern, für einen längeren Aufenthalt hergerichtet. Einverstanden? Links vor Ihnen erblicken Sie verschiedene Tische zusammengerückt. Interessiert Sie der Arbeitsplatz eines Schriftstellers? *Blickt in den Zuschauerraum.* Meine Dame, Sie blinzeln, die Augen fest schließen, sonst sehen Sie ein Gebilde, das zu beschreiben mir die stereometrischen Fachausdrücke fehlen. Die Augen geschlossen? Zugegeben, auch die Arbeitsplätze kleinerer Schriftsteller können so aussehen. Eine Unordnung von Papieren, eine Schreibmaschine, Manuskripte, eng mit Korrekturen übersät in verschiedenen Farben, Bleistifte, Kugelschreiber, Gummis, eine große Schere. Leim. Ein Dolch – na ja, aus Versehen hierhergekommen – *Er hat nur abstrakte Formen in die Hand genommen; räuspert sich.* Hinter diesem Wirrwarr eine Art improvisierte Hausbar – Kognak, Whisky, Absinth, Rotwein usw. –, auch dies sagt nichts über die Größe, die Qualität, über das Genie des Schriftstellers aus, um den es hier geht, spricht nicht zu seinen Gunsten, aber auch nicht zu seinen Ungunsten. Doch beruhigen Sie sich: Rechts im Zimmer herrscht Ordnung; besser: verhältnismäßige Ordnung, wenn ich dieses – na ja, weibliche Kleidungsstück – versorgt habe, in die Ecke damit, und auch diesen Revolver – versorgen wir ihn in der Schublade. *Wirft eine Kartonrolle aus der Bühne, versteckt eine kleine Pyramide.* Fauteuils, groß, weich, bequem, von neuester Konstruktion, und überall liegen Bücher herum; an den Wänden Photographien, Bilder von – nun, das werden Sie vernehmen. Das Schönste aber: der Hintergrund. Eine große, offene Türe, ein Balkon, die Aussicht: bezaubernd, dem Preise entsprechend, ein lichter See, bedeckt noch vor wenigen Wochen mit weißen, roten Segeln, nun leer, eine tiefblaue Fläche, Hügel, Wälder dahinter, Vorberge. Der Himmel: abendlich. Strand, auch er verlassen, Spätherbst. Alles in allem, eine Orgie in Gelb und Rot; doch auf den Tennisplätzen noch Leben, das Ticken von Ping-Pong. Hören Sie? Natürlich hören Sie nichts. Bei diesem Bühnenbild. Kehren wir ins Zimmer zurück. Betrachten wir die beiden Hauptpersonen unseres Spiels, und weil die andere Hauptperson ihren Auftritt – Schmiere – verpaßt hat, beginnen wir gleich mit mir. Sie können die Augen öffnen. Sie sehen richtig: Ich bin eine der Hauptpersonen. Es tut mir leid, wirklich, ich, Maximilian Friedrich Korbes, Romancier, Nobelpreisträger usw. usw., dick, braungebrannt, unrasiert, kahler Riesenschädel. Meine Eigenschaften: brutal, gehe aufs Ganze, versoffen. Doch will ich mir Mühe geben, Sie nicht allzu abrupt in das leicht unheimliche Befremden zu stürzen, in das Sie mein Anblick möglicherweise versetzen wird, falls Sie sich nun entschließen, die Augen allmählich zu öffnen. So schiebe ich mich denn vorsichtig von rechts in den Raum, komme eben aus dem Schlafzimmer, offenbar war ich beschäftigt – nun, das geht niemanden etwas an, womit ich beschäftigt war, obgleich es in gewissen Zeitungen stehen wird. Was steht nicht alles in gewissen Zeitungen über mich: mein Leben ist verlottert, konfus, wild, skandalumwittert. Ich will es nicht bestreiten. Sie sehen, ich bin ehrlich, wenn ich auch nur den Eindruck referierte, den die Welt von mir hat. Möglich, daß dieser Eindruck stimmt, möglich, daß ich so geschaffen bin, wie ich mich eben geschildert habe und wie Sie mich, meine Damen und Herren, von der Tagesschau, von den Illustrierten her kennen – die Königin von Schweden wenigstens, anläßlich der Verleihung des schon erwähnten Preises, meinte, ich sähe genau so aus. Dabei war ich im Frack, hatte allerdings ein Glas Bordeaux versehentlich über die königliche Abendrobe gegossen. Doch wer kennt wen, wer kennt sich. Man mache sich keine Illusion. Ich wenigstens kenne mich nur flüchtig. Kein Wunder. Die Gelegenheiten, mit sich selber Bekanntschaft zu machen, sind rar; stellten sich bei mir etwa ein, als ich über eine Eisfläche des Kilimandscharos in die Tiefe sauste, als die berühmte – na ja, Sie wissen schon, wen ich meine – eine gotische Madonna – nicht die rechts im Zimmer, die wie ein Kegel von Kegel aussieht und auch ein Kegel von Kegel ist, sondern eine andere, die wirklich wie eine gotische Madonna aussah – auf meinem Kopf zerschmetterte, oder – nun, diesem Vorfall sollen Sie selber beiwohnen. Ich wünsche Ihnen viel Vergnügen dabei. Ihr unruhiges Gemurmel verrät, daß Sie nun alle die Augen geöffnet haben, auch zu meiner Unruhe freilich – weiß ich doch nicht, über wen Sie so unruhig murmeln: über mich oder über Kegel oder gar über den Autor, von dessen stets endloseren Monologen Sie im Zuschauerraum und wir auf der Bühne langsam endgültig genug haben: Höchste Zeit, daß einmal die Literaturgeschichte ihr Veto einlegt! Doch zuletzt noch ein persönliches Wort zu meiner Kleidung. Auch hier bitte: Verzeihen Sie. Vor allem: Verzeihen Sie, meine Damen. Ich trage eine Pyjamahose und einen Schlafrock, offen, der nackte Oberkörper – weißbehaart – ist halb sichtbar. Aber seien Sie froh, daß ich wenigstens so auftrete, wie ich auftrete, und nicht so, wie mich Kegel hatte auftreten lassen wollen. In der Hand: ein Würfel, der ein leeres Glas darstellt. Ich will zur Bar, stutze jedoch, wie ich den Besucher sehe, der endlich von links mein Arbeitszimmer betritt – oder betreten sollte –, der – wie gesagt – eigentlich schon vor mir hätte da sein müssen. Wie überall heute: tiefste Provinz: Er ist immer noch nicht da.

Rechts taucht der Besucher aus der Versenkung. Er ist in einem Fußballerkostüm: weiße Hosen, blauweißes Leibchen, einen Fußball unter dem Arm.

DER AUTOR Schade. Der Kerl wäre bald beschrieben: streng bürgerlich, klein, hager, einem alten Reisenden in Versicherungen nicht unähnlich, eine Mappe unter dem Arm.
DER BESUCHER *leise* Entschuldigung.

Der Autor fährt herum.

DER AUTOR Du bist von rechts gekommen?
DER BESUCHER *leise* Von unten. Ich gehe wieder.
DER AUTOR Unmöglich. Das Spiel hat schon begonnen. Du solltest doch schon da sein.
DER BESUCHER *leise* Falsches Kostüm.

DER AUTOR Warum flüsterst du eigentlich?
DER BESUCHER *leise* Damit die Zuschauer mich nicht hören.
DER AUTOR Aber sie sehen dich ja.
DER BESUCHER *leise* Du sagtest doch, sie sollen die Augen schließen.
DER AUTOR Ich erlaubte ihnen längst, sie wieder zu öffnen. Du hast nicht aufgepaßt.
DER BESUCHER *laut* Bei deiner langen Vorrede bin ich eingeschlafen. Vorhang!
DER AUTOR Wozu?
DER BESUCHER Falsches Kostüm.
DER AUTOR Ich?
DER BESUCHER Ich. Du hast mich als einen alten Reisenden in Versicherungen mit einer Mappe unter dem Arm beschrieben.
DER AUTOR Und?
DER BESUCHER Ich trete als Fußballspieler auf.
DER AUTOR Kegels Idee.
DER BESUCHER Was hat mein Kostüm mit dem Stück zu tun?
DER AUTOR Nichts. Aber das gibt dir kein Recht, erst jetzt aus der Versenkung aufzutauchen, statt schon zu Beginn links auf der Bühne zu stehen.
DER BESUCHER Hat Altenstein angeordnet.
DER AUTOR Wer ist Altenstein?
DER BESUCHER Der Regisseur. Seit vier Wochen.
DER AUTOR Der Regisseur ist doch Weiberlein.
DER BESUCHER Nur die ersten zehn Wochen.
DER AUTOR Mir nicht aufgefallen.
DER BESUCHER Soll ich noch einmal auftreten?
DER AUTOR Unsinn. Beginne.

DER BESUCHER Womit?
DER AUTOR Mit deinem Text.
DER BESUCHER Aber das Publikum –
DER AUTOR Dem ist auch nichts aufgefallen. Es glaubt, in einem modernen Stück zu sein. Los!
DER BESUCHER Du hast noch zu reden, nicht ich. Deine ewige Ansprache ist immer noch nicht beendet. *Öffnet den Fußball, entnimmt ihm ein Manuskript, liest.* Näher auf den Herrn einzugehen –
DER AUTOR Weiß schon. – Näher auf den Herrn einzugehen – näher auf den Herrn einzugehen – näher auf – verdammt, du hast mich doch aus dem Text gebracht. Lies du meine Ansprache zu Ende.
DER BESUCHER *liest vor* ›Näher auf den Herrn –‹ damit bin ich gemeint – *Zeigt auf sich* ›– einzugehen –‹ sagt er – *Zeigt auf den Autor* ›– ist nicht nötig, schon aus dem Grunde, weil er –‹ damit bin ich gemeint – *Zeigt auf sich* ›– nach Ablauf unserer Geschichte auf eine ganz natürliche Weise nicht mehr vorhanden und deshalb auch nicht mehr von Interesse sein wird. Doch genug. Meine Damen und Herren. Der Besucher beginnt zu sprechen‹ – das bin ich. *Verschließt das Manuskript wieder im Fußball.* Ich freue mich, vor dem weltberühmten und weltverehrten Dichter Maximilian Friedrich Korbes zu stehen.
DER AUTOR *grob* Zum Teufel, was treiben Sie in meinem Arbeitszimmer? – Siehst du, du hättest doch schon vorher –
DER BESUCHER Ihr Sekretär führte mich herein. Ich harre schon über eine Stunde.
DER AUTOR *nach einer Pause, etwas milder* Wer sind Sie?
DER BESUCHER Hofer. Fürchtegott Hofer.

DER AUTOR *mißtrauisch* Der Name kommt mir bekannt vor. *Dann geht ihm ein Licht auf.* Sie sind wohl der Mensch, der mich mit Briefen bombardiert?

DER BESUCHER Stimmt. Seit Sie in Iselhöhebad weilen. Ich sprach jeden Morgen beim Portier vor. Wurde abgewiesen. Endlich lauerte ich Ihrem Sekretär auf. Ein strenger junger Mann.

DER AUTOR Theologiestudent. Mausearm. Muß sein Studium verdienen.

DER BESUCHER Es gelang mir nur mit unendlicher Geduld, ihn zu überzeugen, daß diese Zusammenkunft für uns beide von größter Tragweite sein werde, verehrter Meister.

DER AUTOR Korbes. Den ›verehrten Meister‹ sparen Sie sich.

DER BESUCHER Verehrter Herr Korbes.

DER AUTOR Wenn Sie schon in der Nähe der Bar stehen, reichen Sie mir den Whisky rüber – links außen steht die Flasche.

DER BESUCHER Ich sehe keine Flasche.

DER AUTOR Die Spirale dort.

DER BESUCHER Das soll eine Flasche sein?

DER AUTOR Eine Flasche von Kegel.

DER BESUCHER Eine Spirale ist doch kein Kegel.

DER AUTOR Sie ist auch kein Kegel, sondern eine Spirale, die nach Kegel eine Flasche darstellen soll.

DER BESUCHER Ach so. Nach Lothar Kegel. *Nimmt die Spirale.* Bitte sehr.

DER AUTOR Danke schön. *Mimt Einschenken.* Nehmen Sie auch einen?

DER BESUCHER Lieber nicht.

DER AUTOR Absinth? Campari? Ein anderes Getränk?

DER BESUCHER Auch nicht.
DER AUTOR *mißtrauisch* Abstinenzler?
DER BESUCHER Nur vorsichtig. Ich stehe einem Geistesriesen gegenüber. Ich fühle mich ein wenig wie der heilige Georg vor dem Kampf mit dem Lindwurm.
DER AUTOR Katholisch?
DER BESUCHER Evangelisch.
DER AUTOR Durst. *Trinkt.*
DER BESUCHER Sie sollten sich schonen.
DER AUTOR *grob* Sie haben mir keine Ratschläge zu geben.
DER BESUCHER Ich bin Schweizer, Herr Korbes. Darf ich den Raum näher betrachten, in welchem der Dichter arbeitet?
DER AUTOR Schriftsteller.
DER BESUCHER Der Schriftsteller arbeitet? Nein, das kann ich einfach nicht spielen.
DER AUTOR Was kannst du nicht spielen?
DER BESUCHER Meine Rolle. Bei diesem Bühnenbild.
DER AUTOR Es hat das Theater ein Vermögen gekostet.
DER BESUCHER Ein Riesenvermögen, wenn ich dazu deine Gage rechne.
DER AUTOR Was geht dich meine Gage an?
DER BESUCHER Ich denke an meine Gage.
DER AUTOR Die geht mich nichts an.
DER BESUCHER Eben ist ein Zuschauer gekommen.
DER AUTOR Sind denn überhaupt welche gekommen?
DER BESUCHER Wenn einer gegangen ist.
DER AUTOR Na und? Wenn einer bleibt, schreibt Karasek nicht.
DER BESUCHER Noch schlimmer: Wir werden von Iden verrissen.

DER AUTOR Für Luft sind wir ohnehin Luft.
DER BESUCHER Der hat schon bessere Zeiten gesehen.
DER AUTOR Was wir für die Zürcher Kritiker sind, daran will ich gar nicht erst denken.
DER BESUCHER Warum? Gibt es in Zürich denn Kritiker?
DER AUTOR Spiel weiter.
DER BESUCHER Wenn du mich zwingst – Überall Bücher, Manuskripte. Darf ich die Photographien an der Wand betrachten? Faulkner. Mit eigenhändiger Unterschrift: ›Meinem lieben Korbes‹. Thomas Mann: ›Meinem bewunderten Korbes, sein verängstigter Thomas‹. Hemingway: ›Meinem besten Freund Korbes, sein Ernest‹. Henry Miller: ›Meinem Seelenbruder Korbes. Nur in der Liebe und im Mord sind wir noch wahr‹. Und nun die Aussicht auf die Vierecke und Dreiecke. Superb der Blick auf den See mit dem Hochgebirge dahinter und den wechselnden Wolkengebilden darüber. Und eben geht die Sonne unter. Rot. Gewaltig. – So ein Käse.
DER AUTOR *mißtrauisch* Sie schreiben wohl? *Setzt sich links hinter das schwer zu beschreibende abstrakte Gebilde, das offenbar den Schreibtisch darstellen soll.*
DER BESUCHER Ich lese. Kann alle Ihre Novellen auswendig.
DER AUTOR Lehrer von Beruf?
DER BESUCHER Buchhalter. Pensionierter Buchhalter der Firma Oechsli und Trost in Ennetwyl bei Horck.
DER AUTOR Setzen Sie sich.
DER BESUCHER Wohin denn?
DER AUTOR Auf diesen Sessel natürlich. *Weist auf ein Gebilde rechts.*
DER BESUCHER Auf diesen Kegel?

DER AUTOR Natürlich auf diesen Kegel.
DER BESUCHER Dieser Kegel soll doch eine Madonna sein.
DER AUTOR Der Kegel rechts außen. Dieser ist ein Sessel.
DER BESUCHER Darauf soll man sich setzen können?
DER AUTOR Auf jeden Sessel kann man sich setzen.

Der Besucher öffnet den Fußball, schaut im Manuskript nach.

DER BESUCHER Dein ›Setzen Sie sich‹ ist gestrichen.
DER AUTOR Von wem?
DER BESUCHER Von Altenstein.
DER AUTOR Weiberlein hat es nicht gestrichen.
DER BESUCHER Altenstein hat die Regie übernommen.
DER AUTOR ›Setzen Sie sich‹ habe ich gelernt. Ich lasse mir nicht streichen, was ich gelernt habe. Setzen Sie sich.
DER BESUCHER Herzlichen Dank. Mir bangt ein wenig vor diesen übermodernen Stühlen. Diesen Text haben Weiberlein und Altenstein gestrichen, obgleich ich ihn schon gelernt hatte. Ich kann meinen Text schon vor der Probe.
DER AUTOR Wohl verrückt. Zuerst schreibt der Autor alles um, dann der Regisseur.
DER BESUCHER Die Regisseure – *Setzt sich auf den Kegel, der ein Geräusch von sich gibt.*
DER AUTOR Hör mal –
DER BESUCHER Das Geräusch ist vom Kegel – vom Kegel von Kegel. Ein luxuriöses Appartement.
DER AUTOR Die Preise sind auch danach.
DER BESUCHER Kann ich mir denken. Iselhöhebad ist teuer. Für mich katastrophal. Dabei wohne ich höchst bescheiden in der Pension ›Seeblick‹. *Er seufzt.* In Adelboden war's billiger.

DER AUTOR In Adelboden?
DER BESUCHER In Adelboden.
DER AUTOR War ebenfalls in Adelboden.
DER BESUCHER Sie im Grandhotel ›Wildstrubel‹, ich im Erholungsheim ›Pro Senectute‹. Wir begegneten uns einige Male. In der Drahtseilbahn auf die Ängstligenalp und auf die Kurterrasse in Baden-Baden.
DER AUTOR In Baden-Baden waren Sie auch?
DER BESUCHER Auch.
DER AUTOR Während ich im ›Europäischen Hof‹ weilte?
DER BESUCHER Hauste ich im christlichen Heim ›Siloah‹.
DER AUTOR *ungeduldig* Meine Zeit ist spärlich bemessen. Ich habe wie ein Sklave zu arbeiten, Herr –
DER BESUCHER Fürchtegott Hofer.
DER AUTOR Herr Fürchtegott Hofer. Mein Lebenswandel verschlingt Hunderttausende. Ich kann nur eine Viertelstunde für Sie aufwenden. Fassen Sie sich kurz, sagen Sie mir, was Sie wünschen. Schießen Sie los.
DER BESUCHER Ich komme in einer ganz bestimmten Absicht.

Der Autor steht auf.

DER AUTOR Es gibt eine so ungeheure Anzahl von Menschen, die keine Schriftsteller sind, die man anpumpen kann, daß man Leute von meiner Profession gefälligst in Ruhe lassen sollte, und im übrigen ist der Nobelpreis verjubelt. Darf ich Sie nun verabschieden.

Der Besucher steht auf.

DER BESUCHER Verehrter Meister –

DER AUTOR Korbes.
DER BESUCHER Verehrter Herr Korbes –
DER AUTOR Hinaus!
DER BESUCHER *verzweifelt* Sie mißverstehen mich. Ich bin nicht aus finanziellen Gründen zu Ihnen gekommen, sondern, weil – *entschlossen* – weil ich mich seit meiner Pensionierung als Detektiv betätige.
DER AUTOR *atmet auf* Ach so. Das ist etwas anderes. Setzen wir uns wieder.
DER BESUCHER Wieder auf den Kegel? Bitte nicht.
DER AUTOR Dann eben auf die Kugel. *Weist nach rechts außen.* Soll zwar einen Fernsehapparat darstellen, aber ist ja egal.

Der Besucher rollt die Kugel näher zum Autor, der wieder hinter dem unbeschreiblichen Gebilde sitzt. Der Besucher setzt sich auf die Kugel.

DER BESUCHER Sitzt sich besser auf dieser Kugel von Kegel als auf dem Kegel von Kegel.
DER AUTOR Da kann ich ja erleichtert aufatmen. Sie sind also jetzt bei der Polizei angestellt?
DER BESUCHER Nein, verehrter Meis –
DER AUTOR Korbes.
DER BESUCHER Verehrter Herr Korbes. Ich bin Privatdetektiv geworden. Schon als Buchhalter gab es allerlei zu enthüllen, und nicht ganz ohne Erfolg. Ich war Revisor, ehrenhalber, in diesem und jenem Verein. Verein! Jetzt weiß ich, warum mich Kegel in ein Fußballerkostüm steckte. Verein – er dachte an einen Fußballverein, als er diese Zeile las.
DER AUTOR Möglich – falls Kegel lesen kann. Spiel weiter.

DER BESUCHER Ja, es gelang mir sogar, den Gemeindekassier von Ennetwyl ins Zuchthaus zu bringen als Veruntreuer von Mündelgeldern. Doch, im Alter, wie nun etwas Erspartes zur Verfügung stand und meine Gattin kinderlos gestorben war, beschloß ich, gänzlich meiner Neigung zu leben, und dies auf Grund der Lektüre Ihrer Bücher.

DER AUTOR Meiner Bücher?

DER BESUCHER Ihrer unsterblichen Bücher! Meine Einbildungskraft entzündete sich an ihnen. Ich las sie fieberhaft, mit Spannung, schlankweg hingerissen von den grandiosen Verbrechen, die Sie schildern. Ich wurde Detektiv, wie etwa einer auf dem religiösen Gebiet, begeistert von der Meisterschaft, mit der der Teufel seine Arbeit verrichtet, Theologe werden könnte, erzeugt doch jeder Druck einen ebenso heftigen Gegendruck. Mein Gott, und nun sitze ich hier auf einem Kegel, nein, auf einer Kugel, neben einem Nobelpreisträger, und die Sonne geht unter hinter den Vierekken, Dreiecken und Zweiecken, will sagen: hinter dem Hüttliberg, und Sie trinken Whisky –

DER AUTOR Sie sind dichterisch veranlagt, lieber Fürchtegott Hofer.

DER BESUCHER Das kommt nur von der Lektüre Ihrer Schriften.

DER AUTOR Das tut mir leid. Sie sind eher ärmlich gekleidet. Sie scheinen in Ihrem neuen Beruf nichts zu lachen zu haben.

DER BESUCHER Ich bin schlechterdings nicht auf Rosen gebettet.

DER AUTOR Der Justizminister dieses Landes ist mein Freund. Will ihm mal winken. Auf welches Gebiet der

Kriminalistik werfen Sie sich? Auf Spionage? Auf Ehebruch? Auf den Rauschgift- oder den Mädchenhandel?
DER BESUCHER Auf das literarische Gebiet.

Der Autor steht auf.

DER AUTOR *streng* Dann muß ich Sie zum zweiten Mal bitten, diesen Raum auf der Stelle zu verlassen!
DER BESUCHER *steht auf* Verehrter Herr Korbes!
DER AUTOR Sie sind Kritiker geworden.
DER BESUCHER Lassen Sie sich doch erklären –
DER AUTOR Hinaus!
DER BESUCHER *verzweifelt* Aber ich untersuchte Ihre Werke doch nur auf ihren **kriminellen** Gehalt hin!
DER AUTOR *beruhigt* Ach so. Dann können Sie bleiben. Setzen wir uns wieder.
DER BESUCHER Ich bin so frei.
DER AUTOR Ich wurde schon tiefenpsychologisch, katholisch, protestantisch, existenzialistisch, buddhistisch und marxistisch gedeutet, aber noch nie auf die Weise, wie Sie es unternommen haben.
DER BESUCHER Ich bin Ihnen denn auch eine Erklärung schuldig, verehrter Meister –
DER AUTOR Korbes.
DER BESUCHER Verehrter Herr Korbes. Ich las Ihre Werke auf Grund eines ganz bestimmten Verdachts. Was es in der Phantasie – in Ihren Romanen – gibt, mußte es auch in der Wirklichkeit geben, denn es schien mir unmöglich, etwas zu erfinden, was es nicht irgendwo gibt.
DER AUTOR *stutzt* Eine vernünftige Überlegung.
DER BESUCHER Auf Grund dieser Überlegung begann ich,

nach den Mördern Ihrer Romane in der Wirklichkeit zu suchen.

DER AUTOR *elektrisiert* Sie nahmen an, es existiere zwischen meinen Romanen und der Wirklichkeit ein Zusammenhang?

DER BESUCHER Ich ging mit messerscharfer Logik vor.

DER AUTOR Das hat Weiberlein gestrichen.

DER BESUCHER Altenstein wieder geöffnet.

DER AUTOR Den Satz glaubt dir kein Mensch.

DER BESUCHER Mir nimmt das Publikum jeden Satz ab.

DER AUTOR In diesem Kostüm?

DER BESUCHER Ich analysierte zuerst Ihr Werk. Sie sind nicht nur der skandalumwittertste Schriftsteller unserer Epoche, von dessen Scheidungen, Liebesabenteuern, Alkoholexzessen und Tigerjagden die Zeitungen berichten, Sie sind auch als Verfasser der schönsten Mordszenen der Weltliteratur berühmt.

DER AUTOR Ich habe nie den Mord allein verherrlicht, es ging mir darum, den Menschen als Ganzes darzustellen, wozu freilich gehört, daß er auch zum Morde fähig ist.

DER BESUCHER Von Altenstein gestrichen.

DER AUTOR Ich halte mich an Weiberlein. Der Satz ist wichtig.

DER BESUCHER Vor Ihnen sah man den Mord –

DER AUTOR Du hast zu antworten: ›Als Detektiv interessierte mich nicht so sehr, was Sie wollten, sondern was Sie erreichten.‹ Die ganze Passage ist wichtig. Altenstein ist ein Esel.

DER BESUCHER Jetzt ist wieder einer raus.

DER AUTOR Weiberlein.

Beide spähen in den Saal.

DER BESUCHER Altenstein.
DER AUTOR Weiberlein.
DER BESUCHER Ach wo! Der inszeniert doch in irgendeinem Nest einen Dürrenmatt.
DER AUTOR Wird Dürrenmatt denn noch gespielt?
DER BESUCHER Dann war es vielleicht Kegel.
DER AUTOR Bring endlich den ungestrichenen Text!
DER BESUCHER Dann unterbrich mich nicht immer.
DER AUTOR Du unterbrichst mich immer.
DER BESUCHER Die reinste Schmiere.
DER AUTOR Heute wird überall geschmiert; gewöhn dich dran.
DER BESUCHER Schön, ich spiele weiter.
DER AUTOR Ich ja auch.
DER BESUCHER Als Detektiv interessierte mich nicht so sehr, was Sie wollten, sondern was Sie erreichten. Vor Ihnen sah man im Mord allgemein etwas Schreckliches, nach Ihnen gewinnt man auch dieser dunklen Seite des Lebens – oder besser des Sterbens – Größe und Schönheit ab. Man nennt Sie allgemein den ›Alten vom Berge‹, nach dem Mörderscheich des Mittelalters.
DER AUTOR Nur ein Zeichen meiner Popularität.
DER BESUCHER Und Ihrer Kunst, echte Meistermörder zu erfinden, denen kein Mensch dahinterkommt.
DER AUTOR *neugierig* Sie meinen meine – Eigentümlichkeit, den Verbrecher unentdeckt entkommen zu lassen?
DER BESUCHER Getroffen.
DER AUTOR Hm. Sie lasen meine Romane wie Polizeiberichte?

DER BESUCHER Wie Mörderberichte. Ihre Helden morden weder aus Gewinnsucht noch enttäuschter Leidenschaft. Sie morden aus psychologischem Vergnügen, aus Lebensgenuß, aus Raffinesse, aus Drang nach eigenem Erleben; Motive, welche die herkömmliche Kriminalistik nicht kennt. Sie sind für die Polizei, für den Staatsanwalt buchstäblich zu tief, zu subtil. So vermuten diese Instanzen nicht einmal Mord, denn wo sie keine Motive sehen, gibt es auch keine Verbrechen. Nimmt man nun an, die Morde, die Sie beschreiben, hätten wirklich stattgefunden, so müßten sie der Öffentlichkeit als Selbstmorde, Unglücksfälle oder auch als natürliche Todesfälle erschienen sein.

DER AUTOR Logischerweise.

DER BESUCHER Genau so, wie sie der Öffentlichkeit in Ihren Romanen erscheinen.

DER AUTOR Genau so.

DER BESUCHER An diesem Punkte meiner Untersuchung kam ich mir wie jener spanische Ritter Don –

DER AUTOR Don Quijote.

DER BESUCHER Don Quijote vor, den Sie öfters in Ihren Romanen erwähnen. Er zog aus, weil er die Ritterromane für wirklich nahm, und ich machte mich daran, Ihre Romane für wirklich zu nehmen. Aber ich ließ mich durch nichts abschrecken. ›Und wenn die Welt voll Teufel wär‹ ist immer meine Parole gewesen.

DER AUTOR *begeistert* Großartig! Das ist ja geradezu großartig, was Sie da unternommen haben!

Er klingelt mit einem kleinen Dreieck. Von links der Sekretär als Bergsteiger.

DER AUTOR Sebastian! Sebastian!
DER SEKRETÄR Herr Korbes wünschen?
DER AUTOR Wie kommst du denn daher?
DER SEKRETÄR Als Bergsteiger.
DER AUTOR Auf einmal?
DER SEKRETÄR Anordnung Altensteins. Das Stück sei ihm zu hoch.
DER AUTOR Dem ist jedes Stück zu hoch. Wir werden die Nacht durcharbeiten müssen. Bieten Sie Herrn Hofer eine Zigarre an. Mit etwas werden wir ihm doch eine Freude bereiten können. Brasil? Havanna?
DER BESUCHER Nein. Nein. Nein. Wenn Sie gestatten, daß ich meinen heimatlichen Stumpen schmauche, den ich mit mir führe?
DER AUTOR Aber natürlich. Sie können gehen, Sebastian, und nehmen Sie den Dolch mit. *Überreicht ihm einen Tennisball.* Ich brauche ihn jetzt nicht.
DER SEKRETÄR Jawohl, verehrter Meister. *Nach rechts ab.*
DER BESUCHER Ich hatte das Prunkstück schon längst bemerkt, verehrter –
DER AUTOR Korbes.
DER BESUCHER Verehrter Herr Korbes. Ein Stoß, und jemand ist hin. Der Dolch schien äußerst scharf geschliffen.
DER AUTOR Feuer?
DER BESUCHER Ziehe meine eigenen Streichhölzer vor. *Zündet sich einen Stumpen an.*
DER AUTOR Du rauchst ja einen richtigen Stumpen.
DER BESUCHER Warum denn nicht?
DER AUTOR Stilbruch. *Gießt sich mit der Spirale Whisky ein.* Wenn ich nur einen richtigen Whisky hätte!
DER BESUCHER Ich genieße aus vollen Zügen.

DER AUTOR Genießen Sie, lieber Hofer, genießen Sie und erzählen Sie weiter.

DER BESUCHER Es war nicht leicht, mich an die Fakten heranzuschleichen, der Wirklichkeit auf die Spur zu kommen. Eine minutiöse Kleinarbeit war zu leisten. Zuerst ackerte ich Ihren Roman ›Begegnung in einem fremden Lande‹ durch.

DER AUTOR Meinen ersten Roman.

DER BESUCHER Vor elf Jahren erschienen.

DER AUTOR Für den ich den Bollingen-Preis erhielt und den Hitchcock verfilmte.

DER BESUCHER Ich kann nur ausrufen: Welch ein Wurf! Ein französischer Abenteurer, dick, braungebrannt, unrasiert, kahler Riesenschädel, zerlumpt, genial und versoffen, lernt eine Dame kennen. Was Piekfeines, wie er sich ausdrückt, Gattin eines deutschen Attachés. Er lockt sie in ein zerfallenes Hotel Ankaras, in eine Absteige übelster Sorte, verführt sie, redet ihr ein – gewaltig in seiner Trunkenheit, ein Homer, ein Shakespeare –, das höchste Glück liege in einem gemeinsamen Selbstmord. Sie glaubt an die Leidenschaft, die sie erlebt; betört von seinen wilden Ausbrüchen, nimmt sie sich das Leben. Im Liebesrausch. Er tötet sich nicht, zündet sich eine Zigarette an und verläßt das Bordell. Er streicht durch verrufene Gassen, verprügelt einen Prediger der Türkenmission, plündert dessen Armenkasse und macht sich im Morgengrauen nach Persien davon. Um einige Kilo Heroin aufzutreiben. Diese Handlung mag trivial sein, da mag die ›Neue Zürcher Zeitung‹ recht haben, doch in ihrer Knappheit, in ihrer Phrasenlosigkeit läßt sie Hemingway meilenweit hinter sich.

DER AUTOR *amüsiert* Sie haben nun doch nicht gar in der Türkei nach dieser Geschichte geforscht, lieber Hofer?
DER BESUCHER Es blieb mir nichts anderes übrig. Ich verschaffte mir mit erheblichen Kosten aus Ankara Zeitungen aus dem Jahre 1974, in welchem Ihr Roman spielt, und ließ sie von einem türkischen Studenten der Eidgenössischen Technischen Hochschule durchsehen.
DER AUTOR Das Ergebnis?
DER BESUCHER Nicht die Gattin eines deutschen, sondern jene eines schwedischen Attachés, eine blonde, etwas reservierte Schönheit, beging Selbstmord. In einem Hotel übelster Sorte. Aus unbekannten Gründen, wie ich richtig vermutete.
DER AUTOR Und der Mann, mit dem sie dieses – Hotel besuchte?
DER BESUCHER Unbekannt – Aber es muß sich nach den Aussagen des Portiers um ein Individuum deutscher Sprache gehandelt haben. Auch wurde wirklich ein Prediger der Türkenmission verprügelt, doch war er in einem zu bejammernswerten Zustand, um genaue Angaben über das Verschwinden der Armenkasse machen zu können. Dann untersuchte ich ›Mister X langweilt sich‹.
DER AUTOR Die Lieblingslektüre Giscard d'Estaings.
DER BESUCHER Ihr zweiter Roman. Ein Meisterwerk. Mister X, einst ein Strolch, nun ein arrivierter Schriftsteller, Präsident des amerikanischen PEN-Clubs, begegnet in Saint-Tropez einem sechzehnjährigen Mädchen. Er ist von der Schönheit und Natürlichkeit des Kindes bezaubert. Die gewaltige Natur, der Spiegel des Meeres, die unbarmherzige Sonne läßt ihn zum

Urmenschen werden, urmenschlich reagieren. Vergewaltigung, Mord, unermeßliches Gewitter mit Regenschauer. Wohl die bezauberndsten und entsetzlichsten Seiten zugleich, die je geschrieben wurden. Die Sprache wie skizziert, doch von höchster lichter Prägnanz. Der Polizeiapparat, der aufgeboten wird, Motorräder, heranheulende Radiowagen, das Suchen nach dem Mörder, die Verdächtigungen, die alle vor dem Schuldigen haltmachen, der zu berühmt, zu bewundert ist, um die Ahnung der Wahrheit hochkommen zu lassen. Im Gegenteil. Mister X, bevor er nach London dampft, um den Lord-Byron-Preis entgegenzunehmen, nimmt an der Beerdigung teil, mit deren Beschreibung das Werk wie eine antike Tragödie schließt.

DER AUTOR *lächelnd* Lieber Hofer, Sie reden sich in eine gewaltige Begeisterung hinein.

DER BESUCHER *eindringlich* Neunzehnhundertsiebenundsiebzig wurde eine sechzehnjährige Engländerin bei Saint-Tropez vergewaltigt und ermordet.

DER AUTOR Und der Mörder?

DER BESUCHER Unbekannt.

DER AUTOR Wie der Mörder der Schwedin?

DER BESUCHER Genau so. *Zögernd* Trotz eines überwältigenden Polizeiapparates.

DER AUTOR *stolz* Trotz.

DER BESUCHER Die offiziellen Stellen besitzen nicht den geringsten Anhaltspunkt.

DER AUTOR Weitere Entdeckungen?

DER BESUCHER Darf ich Ihnen ein dahingehendes Verzeichnis überreichen? Eine Liste jener Personen, bei denen ich eine Übereinstimmung mit Gestalten Ihrer

Dichtung feststellte. Bitte sehr. *Öffnet den Fußball, übergibt ihm ein Manuskript.*

DER AUTOR Dein Textbuch.

DER BESUCHER Unterbrich mich bitte nicht wieder. Ich bin textsicher.

DER AUTOR Ich weiß nicht. Vorhin sagtest du ›unermeßliches Gewitter mit Regenschauer‹ statt ›unermeßlicher Regenschauer eines Gewitters‹.

DER BESUCHER Und du statt ›Lieber Hofer, Sie reden sich da in eine gewaltige Begeisterung hinein‹, ›Lieber Hofer, Sie reden sich in eine gewaltige Begeisterung hinein‹. Das ›da‹ hast du einfach weggelassen, Kollege.

DER AUTOR Du bist pedantisch.

DER BESUCHER Kein Wunder, nachdem mich Weiberlein zehn Wochen geschlaucht hat.

DER AUTOR Hattest du bitter nötig.

DER BESUCHER Zum Glück löste ihn Altenstein ab.

DER AUTOR Dein Pech.

DER BESUCHER Was willst du damit sagen?

DER AUTOR Fahren wir im Text fort. Hier hast du dein Textbuch wieder.

DER BESUCHER Das soll doch die Liste darstellen.

DER AUTOR Ach so. *Blättert im Manuskript.* Das sind – zweiundzwanzig Namen.

DER BESUCHER Endlich.

DER AUTOR Warum endlich.

DER BESUCHER Endlich spielst du weiter.

DER AUTOR Du spielst ja nicht weiter.

DER BESUCHER Natürlich spiele ich weiter. Sie schrieben auch zweiundzwanzig Romane, verehrter Herr Korbes. Siehst du.

DER AUTOR Alle diese Personen sind tot?

DER BESUCHER Sie schieden teils durch Selbstmord, teils durch Unglücksfall unvermutet aus dem Leben, sehen wir vom Fall der vergewaltigten Engländerin ab.

DER AUTOR Hinter dem Namen der argentinischen Multimillionärin steht ein Fragezeichen.

DER BESUCHER Diese Frau entspricht der Mercedes, die in Ihrem Roman ›Böse Nächte‹ von Ihrem Helden erwürgt wird. Die Multimillionärin starb jedoch in Ostende eines natürlichen Todes.

DER AUTOR Hm, eine – kostbare – Liste.

DER BESUCHER Das Resultat zehnjähriger kriminalistischer Arbeit. Dazu kommt eine weitere merkwürdige Tatsache: All diese Selbstmorde und Unglücksfälle spielten sich an Orten ab, in denen Sie – verehrter Herr Korbes – auch weilten.

DER AUTOR *etwa wie ein ertappter Schuljunge* So?

DER BESUCHER Sie waren in Ankara, als die Schwedin, in Saint-Tropez, als die Engländerin starb, an all den anderen zwanzig Orten, als die anderen zwanzig starben. Ich erinnere nur an Minister von Wattenwil in Davos, an Fürstin Windischgräz in Biarritz, an Lord Liverpool im ›Ritz‹ in Barcelona –

DER AUTOR Alle auf der Liste?

DER BESUCHER Ohne Ausnahme.

DER AUTOR Sie reisten mir nach, Herr Hofer?

DER BESUCHER Wollte ich kein Dilettant sein, mußte ich Ihnen nachreisen. Von Ferienort zu Ferienort, von einem teuren Bad ins andere.

DER AUTOR Sie hielten sich also nicht nur in Adelboden und Baden-Baden auf?

DER BESUCHER Ich war überall, wo Sie auch weilten.

DER AUTOR *neugierig* War dies nicht äußerst kostspielig?

DER BESUCHER Ruinös. Dabei waren meine Mittel kärglich, meine Pension, bei den Riesensummen, die die Firma Oechsli und Trost verdient, lächerlich. Ich mußte haushalten, Entbehrungen auf mich nehmen. Manche Reise sparte ich mir buchstäblich, verehrter –

DER AUTOR *ermahnend* Korbes.

DER BESUCHER Verehrter Herr Korbes, vom Munde ab. Nur Südamerika vor sieben Jahren war mir zu unerschwinglich, und dann natürlich Ihre jährlichen Exkursionen in den indischen und afrikanischen Dschungel –

DER AUTOR Macht nichts, lieber Hofer. Da jage ich auch nur Tiger und Elefanten.

DER BESUCHER Doch sonst war ich immer in Ihrer Nähe.

DER AUTOR Offensichtlich.

DER BESUCHER Wo wir auch weilten, Sie in einem Luxushotel, ich in einer schäbigen Pension, erfolgte ein Unglücksfall, den Sie nachträglich als Mord beschrieben.

DER AUTOR Lieber Hofer, Sie sind einer der erstaunlichsten Menschen, die mir je begegnet sind.

DER BESUCHER Es stellte sich mir denn auch – naturgemäß – die Frage, wie diese – Verbindungen – zwischen Ihren Werken und der Wirklichkeit zustande gekommen sein könnten.

DER AUTOR Leuchtet ein.

DER BESUCHER Bei konsequenter logischer Durchdringung der Materie stieß ich auf zwei Möglichkeiten: Entweder nahmen Sie Personen aus der Wirklichkeit zum Modell Ihrer Geschichten, oder Ihre Geschichten spielten sich auch in der Wirklichkeit so ab, wie Sie sie schrieben.

DER AUTOR Zugegeben. Entweder – oder.

DER BESUCHER Die erste These ist kriminalistisch uninteressant, verehrter Meis –
DER AUTOR Korbes.
DER BESUCHER Verehrter Herr Korbes. Bleibt die zweite These: Ihre Geschichten, die jedermann als Schöpfungen Ihrer sprudelnden Phantasie bewundert, sind in Wahrheit Tatsachenberichte. Hier stoße ich freilich auf eine gewisse Schwierigkeit.
DER AUTOR Ei, warum denn?
DER BESUCHER Verehrter Meister, daß sich zufällig, wo Sie weilten, jedesmal ein Mord ereignet haben soll, das können Sie doch selber nicht glauben.
DER AUTOR Was soll ich denn glauben?
DER BESUCHER Was ich glaube: Die Morde geschahen nicht zufällig. Die einzig zwingende Schlußfolgerung.
DER AUTOR Hm.
DER BESUCHER Sie ruft freilich unerbittlich nach der Frage: Wer sind die Mörder?
DER AUTOR Was fanden Sie heraus?
DER BESUCHER *eisern* Wir müssen die verschiedenen Mörder in einen zusammenziehen. Ihre Helden tragen eindeutig die Züge eines Menschen. Gewaltig, mit meist nackter Brust in den entscheidenden Mordstunden, mit kahlem Riesenschädel, die Züge wildbegeistert, Whisky trinkend und stets leicht betrunken, stürmt er durch das barocke Meer Ihrer Prosa.

Schweigen.

DER BESUCHER Sie sind der Mörder.
DER AUTOR Sie behaupten, daß ich verschiedene Male –
DER BESUCHER Einundzwanzigmal.

DER AUTOR Zweiundzwanzigmal.
DER BESUCHER Einundzwanzigmal. Die argentinische Multimillionärin bildet eine Ausnahme.
DER AUTOR Nun gut. Fast zweiundzwanzigmal gemordet habe?
DER BESUCHER Ich sitze nicht nur einem der bedeutendsten Dichter, sondern auch einem der bedeutendsten Mörder aller Zeiten gegenüber.
DER AUTOR *nachdenklich* Zweiund –
DER BESUCHER *hartnäckig* Einundzwanzigmal.
DER AUTOR Einundzwanzigmal. Wenn man das so hört –
DER BESUCHER Man wird ganz andächtig dabei, verehrter Meister.

Stille.

DER AUTOR *lächelnd* Nun, lieber Fürchtegott Hofer, was wollen Sie von mir?
DER BESUCHER Verehrter Herr Korbes. Ich atme auf. Ich sehe Sie gefaßt, mir weiterhin freundlich zugetan. Lassen Sie mich denn weiterhin mit fürchterlicher Offenheit reden.
DER AUTOR Bitte. Wenn Sie diesen geschwollenen Stil bevorzugen.
DER BESUCHER Ich hatte anfangs im Sinne, Sie der öffentlichen Gerechtigkeit zu übergeben.
DER AUTOR Haben Sie Ihren Sinn geändert?
DER BESUCHER Jawohl, verehrter Meister.
DER AUTOR Weshalb?
DER BESUCHER Ich beobachte nun seit zehn Jahren, mit welcher Meisterschaft Sie Ihrer Leidenschaft frönen, mit welcher Überlegenheit Sie Ihre Opfer wählen, mit welcher Gelassenheit Sie ans Werk gehen.

DER AUTOR Sie bewundern mich?
DER BESUCHER Unendlich.
DER AUTOR Als Mörder oder als Schriftsteller?
DER BESUCHER Sowohl kriminalistisch als auch literarisch. Je mehr ich auf Ihre kriminellen Schliche komme, desto mehr lerne ich Ihre dichterischen Finessen schätzen. Ich bin entschlossen, Ihrer Kunst ein ungeheures Opfer zu bringen.
DER AUTOR Das wäre?
DER BESUCHER *still und einfach* Ich bin bereit, auf das höchste Glück zu verzichten: auf den Ruhm.
DER AUTOR Sie wollen mich nicht anzeigen?
DER BESUCHER Ich verzichte darauf.
DER AUTOR Und was erwarten Sie für eine Gegenleistung?
DER BESUCHER Eine kleine – Anerkennung.
DER AUTOR In welcher Form?
DER BESUCHER Ich bin – bankrott. Ich opferte meiner Leidenschaft alles. Ich kann es mir nicht mehr leisten, von einem teuren Badeort in den anderen zu reisen. Ich bin gezwungen, als gescheiterte Existenz mit Schimpf und Schande nach Ennetwyl bei Horck zurückzukehren, wenn Sie nicht – *Er zaudert.*
DER AUTOR Fahren Sie fort.
DER BESUCHER Wenn Sie nicht meiner Pension von Oechsli und Trost zusätzlich ein kleines Taschengeld beisteuern, verehrter Herr Korbes, so sechshundert oder siebenhundert Schweizerfranken im Monat, damit ich – diskret – weiterhin an Ihrem Leben teilnehmen darf als Ihr Bewunderer und Mitwisser.

Schweigen.

DER AUTOR Mein lieber Fürchtegott Hofer. Auch ich will Ihnen nun ein Geständnis machen, auch ich will nun mit fürchterlicher Offenheit reden – wie Sie sich ausdrücken: Sie sind zweifellos der größte Detektiv, dem ich je begegnet bin. Ihr Scharfsinn, Ihre kriminalistischen Talente führten Sie nicht in die Irre. Ich gestehe.

Schweigen.

DER BESUCHER Sie geben es zu?
DER AUTOR Ich geb's zu.
DER BESUCHER Die Schwedin?
DER AUTOR Die Schwedin.
DER BESUCHER Die junge Engländerin?
DER AUTOR Auch die.
DER BESUCHER Die Fürstin Windischgräz?
DER AUTOR Auch die argentinische Multimillionärin.
DER BESUCHER Tut mir leid. Die müssen Sie ausschließen.
DER AUTOR Mein Herr –
DER BESUCHER Sie wissen genau, daß Sie da mogeln, verehrter Meister.
DER AUTOR Also gut. Die Multimillionärin nicht.
DER BESUCHER Sonst haben Sie alle einundzwanzig Morde begangen?
DER AUTOR Alle einundzwanzig. Ich lasse mich nicht lumpen.

Schweigen.

DER BESUCHER *andächtig* Die feierlichste Stunde meines Lebens.
DER AUTOR Sie haben recht. Die feierlichste Stunde Ihres

Lebens. Wenn auch in einem etwas anderen Sinn, als Sie glauben.

Aus der Schlafzimmertüre rechts rennt eine nackte junge Dame verzweifelt durch den Raum und verschwindet.

DIE JUNGE DAME Maximilian Friedrich, ich muß einfach zu Papa.

DER BESUCHER War das nicht die reizende Tochter des englischen Obersten John Harold Macfire aus dem Zimmer nebenan, die eben vorüberhuschte?

DER AUTOR Gewiß.

DER BESUCHER Der Papa wird sich wundern.

DER AUTOR Wieso?

DER BESUCHER Na, wenn sie so nackt –

DER AUTOR Sie war ja nicht nackt, sondern in einem reizenden Bademantel von Kegel. Sieh nur im Manuskript nach. *Wirft ihm das Manuskript zu.*

DER BESUCHER Tatsächlich. *Schüttelt den Kopf.* Dieser Kegel! Ihr nächstes Opfer?

DER AUTOR Kegel?

DER BESUCHER Die junge Dame.

DER AUTOR Mein nächstes Opfer ist jemand anderes. Sie haben trotz der Richtigkeit Ihrer Untersuchung einen Fehler begangen, Herr Hofer. Dachten Sie denn nie daran, daß es gefährlich sein könnte, mit Ihrem Wissen um mein – Privatleben bei mir vorzusprechen?

DER BESUCHER Sie meinen, daß Sie mich – ermorden könnten?

DER AUTOR Ich meine.

DER BESUCHER Aber natürlich, verehrter Herr Korbes. Ich habe daran gedacht. Und ich habe in aller Ruhe jede erdenkliche Vorsichtsmaßnahme getroffen, die Lage sondiert. Über Ihnen logiert ein berühmtes Fräulein vom Film aus Amerika, rechts der englische Oberst, links eine bürgerliche Witwe.

DER AUTOR Pardon, eine verwitwete Herzogin.

DER BESUCHER Irrtum. Ihr Mann war Portier eines Genfer Etablissements, und unter Ihnen wohnt der lungenkranke Erzbischof von Cernowitz. Ein Hilferuf – und ein Skandal bricht los, der die Welt erschüttert. Deshalb müßten Sie mich lautlos umbringen. Es käme nur Vergiftung in Frage.

DER AUTOR Verstehe. Deshalb haben Sie kein Getränk zu sich genommen.

DER BESUCHER Es fiel mir nicht leicht. Ich bete Whisky geradezu an.

DER AUTOR Auch keine Zigarre geraucht.

DER BESUCHER Den Tenor Lorenz Hochsträßer brachten Sie mit einer besonders leichten Havanna um, die mit einem indianischen Gift durchtränkt war.

DER AUTOR Mein lieber Fürchtegott Hofer. Sie vergessen, daß Sie aus Ennetwyl bei Horck kommen.

Er greift unter den unbeschreiblichen Gegenstand, hinter dem er sitzt, und holt sich eine Whiskyflasche und ein Glas hervor, schenkt sich ein.

DER AUTOR Jetzt brauch ich einfach einen richtigen Whisky.

DER BESUCHER Könntest du mir nicht auch einen –

DER AUTOR Paßt nicht zu deiner Rolle. Mein lieber Fürchtegott Hofer, Sie vergessen, daß Sie aus Ennetwyl bei Horck kommen.

DER BESUCHER Unterschätzen Sie dieses Dorf nicht. Ennetwyl ist durchaus weltaufgeschlossen und weist ein reges kulturelles Leben auf.
DER AUTOR Gerade darum. Vor allem Orte mit einem regen kulturellen Leben sind heutzutage hinter dem Mond, sonst hätten Sie von der Sinnlosigkeit Ihrer Nachforschungen wissen müssen. Sie haben nur bewiesen, was keines Beweises bedarf.

Schweigen.

DER BESUCHER *bestürzt* Sie wollen damit sagen –
DER AUTOR Was Sie als Ihr Geheimnis betrachten, weiß die Welt schon lange. *Trinkt.*
DER BESUCHER *außer sich* Das ist unmöglich. Ich durchforschte alle seriösen Zeitungen aufs genaueste und fand nicht den geringsten Hinweis.
DER AUTOR Die Wahrheit finden Sie heutzutage nur in den Klatschzeitungen, Fürchtegott Hofer. Sie sind voll von meinen Morden. Die Menschen würden meine Werke kaum verschlingen, wenn sie nicht wüßten, daß ich nur Morde beschreibe, die ich begehe.
DER BESUCHER Aber verehrter Meis –
DER AUTOR Korbes.
DER BESUCHER Verehrter Herr Korbes – Dann wären Sie doch längst verhaftet!
DER AUTOR *verwundert* Warum denn?
DER BESUCHER *verzweifelt* Weil Sie doch gemordet haben! Massenhaft!
DER AUTOR Na und? Glauben Sie, ich hätte den Nobelpreis für die Novelle ›Der Mörder und das Kind‹ erhalten, wenn ich nicht selbst dieser Mörder wäre? Sie

sehen diese Briefe. Sie liegen haufenweise in meinem Zimmer herum. Damen der höchsten Gesellschaft, Bürgersfrauen, Dienstmädchen bieten sich in ihnen an, sich von mir ermorden zu lassen.

DER BESUCHER Ich träume.

DER AUTOR So erwachen Sie endlich.

DER BESUCHER Sie haben den Nobelpreis doch nur erhalten dank der Erhabenheit Ihrer Sprache, Ihres Stils, Ihrer Form, verehrter Meister.

DER AUTOR Mein Nobelpreis ist ein groteskes Mißverständnis der schwedischen Akademie. Daß der Schriftsteller an der Sprache, am Stil, an der Form arbeite, bilden sich nur Kritiker ein.

DER BESUCHER Sie sind ungerecht, verehrter –

DER AUTOR Korbes.

DER BESUCHER Verehrter Herr Korbes. Gerade die Kritiker überhäufen Sie mit Lob! So schrieb doch letzthin Reich –

DER AUTOR Weil er meine Prosa mit Literatur verwechselt. Man wirft den Kritikern immer vor, sie seien nur Kritiker geworden, weil sie nicht schreiben könnten. Ein Blödsinn, lieber Hofer, ein Blödsinn. Die Kritiker sind Kritiker geworden, weil sie nur schreiben können, weil sie nur an der Sprache, am Stil, an der Form zu arbeiten vermögen. Alles andere ist entlehnt, vor allem die Gedanken. Wissen Sie, warum die Kritiker mich loben, mein guter Hofer? Weil ich immer das gleiche schreibe: Morde. Schriebe ich auf einmal etwas Neues, die Kritiker würden mich zerfetzen. Gibt es doch für einen Kritiker nichts Schrecklicheres, als vor der Notwendigkeit zu stehen, plötzlich nachdenken zu müssen. Ich war so schlau, wie es viele andere Schriftsteller auch sind: Ich verschone die Kritiker vor dem Nachdenken. Wissen Sie, warum ich Ihnen das erzähle, mein Bester?

DER BESUCHER Ich bin Ihnen ja so dankbar.

DER AUTOR Um mich in Wut zu reden. Wozu, wird Ihnen schon noch aufgehen. Ich leugne nicht, daß es hinter der Literatur, wie sie die Kritiker sehen, eine Literatur gibt, die sich entweder mit dem Denken und der Einbildungskraft oder mit dem Erleben beschäftigt, statt mit der Literatur. Von der Literatur des Denkens und der Einbildungskraft verstehe ich wenig, und wird sie bekannt, beruht dies entweder auf einem Gerücht – was sind die großen Denker mehr als das – oder auf einem Mißverständnis – der ganze Shakespeare ist eines. Beruht die Literatur jedoch auf Erleben, dann kommt es darauf an, was für ein Kerl da erlebt, aber auch, was für Kerle die Gesellschaft erleben sehen will. Verdammt, ihr Anspruch wächst: Die Gesellschaft will mehr und mehr das Erlebnis von Ungeheuern; ein Erleben, das – will es dem Publikum genügen – immer größere Ungeheuer erfordert. Einst war Goethe für die bürgerliche Moral ein Ungeheuer, weil er in Sesenheim vor der langweiligen Friederike davonlief; und Generationen zerbrachen sich den Kopf, ob er mit Frau von Stein geschlafen hatte oder nicht. Aber heute? Wer interessiert sich denn für Eheprobleme; und auch der Koitus ist literarisch passé. Die Erlebnisliteratur ist in eine Sackgasse geraten. Die Gesellschaft verlangt von ihr bald Kannibalismus, geht das so weiter. Ich morde mich zu Tode, um literarisch im Fenster zu bleiben. Menschenskind, die Existenz, die ich dabei führen muß, setzt einem – besonders wenn man ein gewisses Alter erreicht hat – höllenmäßig zu. Das können Sie mir glauben.

In der Eingangstür erscheint eine junge Dame in einem Kostüm des achtzehnten Jahrhunderts.

DIE ZWEITE JUNGE DAME Maximilian Friedrich.
DER AUTOR Hinaus!

Die zweite junge Dame verschwindet ebenfalls.

DER AUTOR Das war die Filmschauspielerin aus Amerika.
DER BESUCHER Diesmal soll sie wohl nackt sein?
DER AUTOR Nackt?
DER BESUCHER Sie ist doch bekleidet. Du kannst dich offenbar nicht an Altenstein gewöhnen.
DER AUTOR Unsinn. Du hast die Anmerkung Kegels nicht gelesen. Sie ist in einem Tenniskostüm gekommen.
DER BESUCHER Du – jetzt sind vier gegangen.
DER AUTOR Waren überhaupt so viele im Saal!
DER BESUCHER Ein Miststück.
DER AUTOR Ein Konzept. Sieben Dramaturgen haben es bearbeitet, und Kaiser hat es in den Himmel gelobt.
DER BESUCHER Nur sieben Dramaturgen?
DER AUTOR Wir sind schließlich ein kleineres Theater. Spielen wir weiter.
DER BESUCHER Spielen wir weiter. Noch einmal die Filmschauspielerin.

Die zweite junge Dame im Kostüm des achtzehnten Jahrhunderts erscheint noch einmal in der Eingangstür.

DIE ZWEITE JUNGE DAME Maximilian Friedrich.

DER AUTOR Hinaus!

Die zweite junge Dame verschwindet wieder.

DER AUTOR Das war die Filmschauspielerin aus Amerika. Als junger Mann versuchte ich mich als strenger Stilist. Einige Lokalredaktoren klopften mir auf die Schulter, eine Kritik erschien in ›Theater heute‹ als Verriß des Monats, sonst interessierte sich kein Hund für mich. Mit Recht. Ich gab die Schriftstellerei auf und trieb mich als gescheiterte Existenz umher, kaufte in Persien fünf Kilo Heroin ein. Doch auch hier versagte ich: das Heroin erwies sich als Backpulver. So blieb mir nichts anderes übrig, als mein Leben zu beschreiben. Ich dachte, ich würde verhaftet. Der erste, der mir gratulierte und mir eine bedeutende Summe vorstreckte, war der schwedische Attaché, und mein Liebesabenteuer mit seiner Frau wurde mein erster Welterfolg. So, und nun nimm auch einen Whisky, sonst komme ich mir unkollegial vor. *Er reicht ihm die Flasche.*
DER BESUCHER Danke – ich bin – ich weiß nicht – danke – Aber ich habe kein Glas.
DER AUTOR Zu deinen Füßen –
DER BESUCHER Ein Oktaeder –
DER AUTOR Sauf den Whisky aus der Flasche.

Der Besucher trinkt, reicht die Flasche zurück. Der Autor schenkt sich aufs neue ein.

DER BESUCHER Spielen wir weiter.
DER AUTOR Spielen wir weiter. *Säuft.* Als ich begriff, was die Welt wollte, habe ich ihr das Gewünschte geliefert.

Ich schrieb nur noch mein Leben. Ich ließ meinen Stil fahren, um ohne Stil zu schreiben, und siehe, da besaß ich auf einmal, nach der Meinung der Kritiker, Stil. So wurde ich berühmt, doch mein Ruhm zwang mich, ein immer wilderes Leben zu führen, weil man mich in immer abscheulicheren Situationen sehen, durch mich all das erleben wollte, was verboten war. Und so wurde ich zum Massenmörder! Alles, was nun geschah, diente meinem Ruhme. Man hat meine Bücher eingestampft, der Vatikan setzte sie auf den Index: die Auflagen wurden immer größer.

DER BESUCHER Ich falle aus allen Wolken. Sie reden wie ein Terrorist und nicht wie ein unsterblicher Dichter, verehrter Meis –

DER AUTOR Korbes.

DER BESUCHER Verehrter Herr Korbes.

DER AUTOR Mein guter Fürchtegott Hofer, Ihre Moral ist ebenso kleinbürgerlich wie die jener, für die Sie mich halten. Die Terroristen wagen nur zu morden, weil ihnen als Ausrede eine Ideologie zur Verfügung steht. Ich morde ohne Ideologie. Die Terroristen fürchtet man, mich bewundert man.

DER BESUCHER Mir bricht der Angstschweiß aus.

DER AUTOR Mir auch. Meine beiden letzten Bücher, ›Begegnung in Palästina‹ und ›Todesbiß in Taiwan‹, wurden von der Kritik nicht mehr so überschwenglich begrüßt. Sogar einige Leser beschweren sich.

DER BESUCHER Wenn Sie vielleicht einmal eine saftige Liebesgeschichte, verehrter – verehrter Herr Korbes – vielleicht mit der Tochter des englischen Obersten –

DER AUTOR Sie scheinen nur meinen literarischen und menschlichen Ruin im Kopf zu haben. Zuerst kommen

Sie mit Ihrer lächerlichen Beweisführung daher, daß meine Romane der Wahrheit entsprächen, und versuchen mich zu erpressen. Ihre Weltunkenntnis grenzt ans Phänomenale, Fürchtegott Hofer: Bei keinem Gericht der Welt würden Sie durchdringen, weil die Welt mich so will, wie ich bin. Man würde Sie für verrückt erklären, wie man alle jene für verrückt erklärte, die es schon versuchten! Glauben Sie, Sie seien der erste? Mütter, Gattinnen, Ehemänner, Söhne kamen schon racheschnaubend zu den Rechtsanwälten gestürzt. Noch jeder Prozeß wurde eingestellt. Staatsanwälte, Justizminister, ja Staatspräsidenten griffen zu meinen Gunsten im Namen der Kunst siegreich ein. Noch jeder machte sich lächerlich, der mich vor ein Gericht zu schleppen versuchte. Und nun wollen Sie mir sogar aufschwatzen, einen Liebesroman zu schreiben. Sie sind ein Narr, Fürchtegott Hofer. Sie haben auf eine unsagbar sträfliche Weise Ihre Ersparnisse verschleudert. Erwarten Sie von mir nicht, daß ich diese ersetze. Erwarten sie vielmehr etwas anderes. Schreien Sie um Hilfe!

DER BESUCHER *ängstlich* Um Hilfe?

DER AUTOR Ich habe einen neuen Stoff nötig.

DER BESUCHER Einen neuen Stoff?

DER AUTOR Der neue Stoff sind Sie.

DER BESUCHER Was wollen Sie damit sagen?

DER AUTOR Höchste Zeit, mich in die Arbeit zu stürzen.
Zieht eine kleine Pyramide hervor.

DER BESUCHER Warum ziehen Sie denn auf einmal eine Pyramide hervor?

DER AUTOR Sei jetzt bitte einmal textsicher. Du verteufelst den spannendsten Moment.

DER BESUCHER Entschuldige: Warum ziehen Sie denn auf einmal einen Revolver hervor?
DER AUTOR Denken Sie nach.
DER BESUCHER Ich denke nach, verehrter Mei – verehrter Herr Korbes, ich denke krankhaft nach.
DER AUTOR Immer noch nicht begriffen?
DER BESUCHER Ich komme einfach nicht drauf. *Denkt schärfer nach.* Ach so! *Strahlend.* Endlich kapiert!
DER AUTOR Endlich.
DER BESUCHER Sie wünschen, daß ich mich zurückziehe.
DER AUTOR Sie Unschuldslamm!
DER BESUCHER Ich gehe, ich breche schon auf.
DER AUTOR Ich zog den Revolver nicht, damit Sie gehen.
DER BESUCHER Ich schwöre, verehrter Meister, daß ich Iselhöhebad auf der Stelle verlassen und nach Ennetwyl zurückkehren werde. Ich belästigte Sie lange genug.
DER AUTOR Sie belästigten mich nicht, Sie erlösten mich. Sie gaben mir die Idee zu einem Theaterstück.
DER BESUCHER Bin ich aber froh.
DER AUTOR Darum müssen Sie jetzt sterben.
DER BESUCHER Darum haben Sie den Revolver gezogen?
DER AUTOR Darum.
DER BESUCHER Um mich niederzuknallen.
DER AUTOR Durch mich werden Sie in die Weltliteratur eingehen, Fürchtegott Hofer. Millionen werden Sie sehen, wie Sie nun vor mir stehen, angstgeschüttelt, die Augen, den Mund weit aufgerissen, Abgründe, in die Katarakte des Entsetzens stürzen, eine Buchhalterfratze der unendlichen Ahnungslosigkeit, die erlebt, wie sich die Wahrheit ihr Korsett vom Leibe reißt.
DER BESUCHER Hilfe!

Stille.

DER AUTOR Nun? Stürzen die Leute herbei? Kommen Ihnen das Fräulein vom Film, der englische Oberst, der Erzbischof von Cernowitz zu Hilfe?
DER BESUCHER Sie – Sie sind der Satan.
DER AUTOR Ich bin Schriftsteller. Das Stück, das ich über Ihre Ermordung schreiben werde, wird über alle Bühnen gehen. Ich muß Sie töten. Schon rein finanziell. Glauben Sie, es sei mir ein Vergnügen? Weiß Gott, ich würde tausendmal lieber mit Ihnen eine Flasche Wein trinken unten in der Halle und später etwas kegeln, als die Nacht mit der Beschreibung Ihres Todes hinzubringen. Aber ich sehne mich nach einem gemütlichen Lebensabend.
DER BESUCHER Sie können mich doch gar nicht töten, verehrter Meister.
DER AUTOR Ich wüßte nicht, was mich daran hindern könnte.
DER BESUCHER Ich bin keine tragische Gestalt wie die Schwedin in der Türkei, die Engländerin in Saint-Tropez und die anderen neunzehn.
DER AUTOR Zwanzig.
DER BESUCHER Neunzehn auf der Liste.
DER AUTOR Aber Sie sind eine komische Gestalt; und die einzige Möglichkeit, die mir bleibt, mich aus der Literatur zurückzuziehen, besteht darin, daß ich eine Komödie über mich schreibe: Sie sind diese Komödie, Fürchtegott Hofer. Mit Ihrer Ermordung parodiere ich mich selber.
DER BESUCHER Gnade, verehrter Meis –
DER AUTOR Korbes.

DER BESUCHER Verehrter Herr Korbes! Ich flehe Sie an.
DER AUTOR Für die Beschäftigung mit Literatur gibt es keine Gnade.

Der Besucher weicht auf die Drei- und Vierecke im Hintergrund zurück.

DER BESUCHER Hilfe!
DER AUTOR *mit mächtiger Stimme* Sie sind der dreiundzwanzigste Fall!
DER BESUCHER Der zweiund –

Gepolter. Dann ein langgezogener, verhallender Schrei.

DER BESUCHER Hilfe!

Der Besucher ist im Hintergrund verschwunden.
Stille.

DER AUTOR So ein Stümper.

Von links kommt der Sekretär, diesmal in einem Tiefseetaucherkostüm. Seine Stimme ist über einen Lautsprecher zu hören.

DER SEKRETÄR Herr Korbes!
DER AUTOR Du hast den Kerl reingelassen, Sebastian.
DER SEKRETÄR Ich war seinen stürmischen Bitten, vorgelassen zu werden, innerlich nicht gewachsen.
DER AUTOR Als mein Sekretär bist du in Zukunft eisenhart.
DER SEKRETÄR Ich werde trainieren, Herr Korbes.
DER AUTOR Das Unglück ist geschehen. Der Besucher

stürzte vom Balkon. Er wurde plötzlich von einer panischen Angst erfaßt. – Aber warum trittst du denn im Tiefseetaucherkostüm auf?

DER SEKRETÄR Steht im Manuskript. Anmerkung von Kegel: ›Sekretär kommt im Tiefseetaucherkostüm, weil er, an der Türe horchend, den ganzen Tiefsinn mitbekommen hat.‹

DER AUTOR Du hast gehorcht?

DER SEKRETÄR Jawohl, Herr Korbes. Auch vom theologischen Standpunkt aus gesehen führten Sie ein sehr instruktives Gespräch.

DER AUTOR Du schmeichelst.

DER SEKRETÄR Leicht schockiert bin ich trotzdem.

DER AUTOR Ei, warum denn?

DER SEKRETÄR Fürchtegott Hofer war wirklich erst Ihr zweiundzwanzigster Fall.

DER AUTOR Ich bin verdammt eitel geworden.

DER SEKRETÄR Für Ihr Seelenheil kann ich wirklich nicht garantieren.

Von links stürzt der Hoteldirektor ins Zimmer.

DER HOTELDIREKTOR Verehrter Herr Korbes! Ich bin untröstlich! Sie wurden von einem Individuum belästigt! Es liegt zerschmettert in den Rosen. Der Mann ist dem Portier seit langem als verrückt aufgefallen. Mein Gott, zum Glück wurde durch seinen Sturz niemand verletzt.

DER AUTOR Sorgen Sie dafür, daß mich niemand mehr stört.

DER HOTELDIREKTOR *sich zurückziehend* Aber selbstverständlich, Herr Korbes, selbstverständlich. *Links ab.*

DER AUTOR An die Arbeit, Sebastian. Doch zuerst will ich mir eine Zigarre in Brand stecken. Eine richtige. Kegel hin oder her. *Zündet sich eine wirkliche Zigarre an.*

Der Sekretär nimmt hinter dem unbeschreiblichen Gegenstand Platz.

DER AUTOR Bereit?
DER SEKRETÄR Bereit, Herr Korbes. *Beginnt im folgenden, an einem Kegelstumpf herumzutippen.*
DER AUTOR Zuerst noch einen Whisky. *Er schenkt ein.* Ich diktiere: Dichterdämmerung. Komödie von Maximilian Friedrich Korbes. Personen: der Autor, der Besucher, erste junge Dame, zweite junge Dame, der Sekretär, der Hoteldirektor. Die Rollen der Männer können auch von Frauen, die der Frauen auch von Männern dargestellt werden und die beiden jungen Damen von einer jungen Dame. Striche lassen den Autor gleichgültig. Von der Regie und vom Bühnenbild distanziert er sich ohnehin. Meine Damen, meine Herren. Zu Beginn halte ich es für meine Pflicht, Ihnen den Ort dieser vielleicht etwas seltsamen, aber – ich schwöre es – wahren Geschichte zu beschreiben. Sie stutzen. Ich gebe zu, es ist nicht ganz ungefährlich, eine wahre Geschichte zu erzählen, jemand von der Polizei oder gar ein Staatsanwalt könnte schließlich zugegen sein, wenn auch nicht gerade dienstlich; doch darf ich es insofern wagen, weil ich genau weiß, daß Sie, meine Damen und Herren, diese meine wahre Geschichte nicht für wahr halten, wenigstens offiziell nicht, denn in Wirklichkeit – inoffiziell sozusagen – wissen Sie natürlich – Hand aufs Herz – ganz genau, auch der

möglicherweise anwesende Staatsanwalt oder Polizist, daß ich nur wahre Geschichten zum besten gebe.

Von links marschiert die erste junge Dame ins Zimmer. Sie sieht wie eine Bronzestatue aus, trägt eine erstarrte flatternde Fahne.

DIE ERSTE JUNGE DAME Maximilian Friedrich.
DER AUTOR Joan! *Stutzt.* Wie kommst du denn daher?
DIE ERSTE JUNGE DAME Nackt.
DER AUTOR Du siehst wie eine Statue aus.
DIE ERSTE JUNGE DAME Regie-Dramaturgie.
DER AUTOR Von allen sieben zusammen?
DIE ERSTE JUNGE DAME Von allen vierzehn zusammen. Es sind sieben dazugekommen.
DER AUTOR Dramaturgen vermehren sich. Doch wozu dein Auftritt? Das Stück ist zu Ende.
DIE JUNGE DAME Dürrenmatt hat einen neuen Schluß geschrieben.
DER AUTOR Schreibt der immer noch?
DIE JUNGE DAME Nur noch um.
DER AUTOR Was sich der wohl ausgedacht hat!
DIE JUNGE DAME Ermorde mich.
DER AUTOR Deshalb kommst du nackt zu mir?
DIE JUNGE DAME Die Welt soll wissen, daß ich nicht nur dein Opfer, sondern auch deine Geliebte war.
DER AUTOR Joan, ich muß dir etwas gestehen. *Er ist verlegen.*
DIE JUNGE DAME Nun?
DER AUTOR Na ja. Ich habe eben meinen letzten Mord begangen.
DIE JUNGE DAME An dem lächerlichen Knilch, der unsere Liebesstunde störte?

DER AUTOR Er war eine derart komische Figur –
DIE JUNGE DAME Was hindert dich, mich zu ermorden?
DER AUTOR Jetzt?
DIE JUNGE DAME Jetzt.
DER AUTOR Aber Joan.
DIE JUNGE DAME Unmittelbar bevor dieser Knilch erschien, hast du mir versprochen, mich durch meine Ermordung unsterblich zu machen.
DER AUTOR Meine liebe Joan, du gehst jetzt auf dein Zimmer. Ich diktiere meine Komödie zu Ende, und gegen Mitternacht klopfe ich an das Zimmer deines Vaters, Sir John Harold Macfire, und bitte ihn um deine Hand.
DIE JUNGE DAME *fassungslos* Du willst mich heiraten?
DER AUTOR Ich liebe dich.
DIE JUNGE DAME Dann ermorde mich!
DER AUTOR Du kannst von mir nicht verlangen, daß ich morde, was ich liebe!
DIE JUNGE DAME Gerade von dir kann ich es verlangen.
DER AUTOR Joan! Du bist ein herrliches nacktes junges Mädchen, und ich bin kein Unmensch.
DIE JUNGE DAME Aber ein Schriftsteller –
DER AUTOR Die Literatur kann mir gestohlen bleiben.
DIE JUNGE DAME Ich will unsterblich werden!
DER AUTOR Durch deine Ehe mit mir wirst du unsterblich werden.
DIE JUNGE DAME Noch nie ist eine Frau durch die Ehe mit einem Schriftsteller unsterblich geworden.
DER AUTOR Ich will endlich ein Leben führen, das nichts für die Literatur hergibt.
DIE JUNGE DAME Du hast mich betrogen.
DER AUTOR Aber Joan, nimm doch Vernunft an. Laß uns

erst einmal heiraten. Vielleicht wird unsere Ehe mit der Zeit so unglücklich, daß ich dich dann ohnehin noch ermorde.

DIE JUNGE DAME Und mit dieser lächerlichen Ehetragödie willst du mich unsterblich machen?

DER AUTOR Es wird mir schon noch etwas dazu einfallen. *Denkt nach.* Ein griechischer Chor, zum Beispiel.

DIE JUNGE DAME Maximilian Friedrich.

DER AUTOR Joan?

DIE JUNGE DAME Es gibt für mich nur noch einen Weg zur Unsterblichkeit –

Sie zieht einen Revolver hervor.

DER AUTOR Joan.

DIE JUNGE DAME Maximilian Friedrich?

DER AUTOR Was soll dieser realistische Revolver darstellen?

DIE JUNGE DAME Den Säbel meines Vaters. *Schießt ihn nieder.*

DER AUTOR Ich bin erstochen.

DIE JUNGE DAME Ich bin unsterblich geworden.

DER AUTOR Das einzige, das mir bei der Regie der vierzehn Dramaturgen –

DER SEKRETÄR Der einundzwanzig.

DER AUTOR Der einundzwanzig Dramaturgen einleuchtet: Du siehst aus wie die Jungfrau von Orleans. Sie haben Schiller gelesen.

Er röchelt.

DER AUTOR Mein letztes Werk bleibt unvollendet: die schlimmst-mögliche Wendung.

Er stirbt.

DER SEKRETÄR Tot.

Von links kommt der Besucher.

DER BESUCHER Ich habe meinen Stumpen vergessen.
DER AUTOR Was fällt dir ein, du bist ebenso tot wie ich.
DER SEKRETÄR Vor einem leeren Saal spielt das keine Rolle.
DER SEKRETÄR Zum Glück haben wir das subventionierte Theater.
DIE JUNGE DAME Zum Glück haben wir Kritiker.
DER SEKRETÄR Autoren brauchen wir nicht mehr.
DER BESUCHER Da. Im Aschenbecher muß der Stumpen liegen. *Greift hinein.*
DER AUTOR Das ist kein Aschenbecher, das ist ein Schwarzes Loch.
DER BESUCHER *schon zur Hälfte verschwunden* Mir egal.

Er wird vom Schwarzen Loch verschlungen.
Die Bühne wird immer dunkler.

DER SEKRETÄR Das Schwarze Loch breitet sich aus.
DER AUTOR Wenn schon. Spielt trotzdem weiter.

Er wird vom Schwarzen Loch verschlungen.

DIE JUNGE DAME Wir spielen weiter. *Erstarrt endgültig zur Statue.* Rufen Sie die Polizei.

Der Sekretär nimmt einen Rhomboeder, spricht hinein.

DER SEKRETÄR Polizei.
DIE JUNGE DAME Mein Name geht in die Literaturgeschichte ein. Ich ermordete einen Nobelpreisträger.

Sie wird vom Schwarzen Loch verschlungen.

DER SEKRETÄR Ich darf Ihnen gratulieren, gnädiges Fräulein. Aber auch Ihnen, verehrter Meister. Ihr letztes Werk ist nicht verloren. Ich habe die ganze Szene heimlich auf Tonband festgehalten. Trotz Ihrer Theorie – die best-mögliche Wendung.

Er drückt auf ein Hyperboloid und wird vom Schwarzen Loch verschlungen.

DIE STIMME DES AUTORS *aus dem Schwarzen Loch dröhnend* Doch stutzen Sie nicht nur aus diesem Grunde. Wenn ich Ihnen schon eine wahre Geschichte erzähle, wozu dann noch die Beschreibung des Ortes, stellte mir doch dazu die Direktion dieses Hauses eine ganze Bühne zur Verfügung, weder Mühe noch Kosten scheuend. Meine Damen und Herren, das ist es eben –

Im Saal Licht.
Vor den schwarzen Vorhang tritt Oberst Macfire in einer schottischen Militäruniform mit Kilt. Er wird vom ›Besucher‹ gespielt.

MACFIRE Meine Damen und Herren auf dem fünften Planeten von Alpha Centauri! Verzeihen Sie, daß ich in absoluter Dunkelheit zu Ihnen spreche, aber bei uns auf Erden ist alles ausgefallen, nicht nur das Licht. Die

Stimme unseres Autors wird vom Schwarzen Loch verschluckt. Das Folgende ist natürlich nur noch hypothetisch, das heißt dichterisch, vorzustellen, da wir nicht wissen, was in einem Schwarzen Loch vorgeht: Beim absoluten Kollaps der Materie durch die Gravitation wird jede Nachricht über das, was innerhalb des Schwarzen Lochs geschieht, unmöglich. Meinen Respekt deshalb vor Kegel, dem es gelang, auf der Bühne ein Schwarzes Loch zu plazieren, dessen ›Schwarz-Schild-Radius‹ zu Beginn gleich null, eine sogenannte ›Schwarz-Schild-Singularität‹ gewesen sein muß, so daß es auch nicht von Maximilian Friedrich Korbes in seinem Anfangsmonolog erwähnt werden konnte. Wer bemerkt schon einen Punkt ohne Ausdehnung? Während des Spiels muß es sich rasend schnell vergrößert haben. Was natürlich trotzdem über eine Stunde dauerte, bis die Null ein so großes Loch wurde, daß es von Fürchtegott Hofer für einen Aschenbecher gehalten werden konnte, was die Katastrophe unvermeidlich machte: Die ganze Bühne stürzte in das Schwarze Loch hinein, darauf die Putzfrauen, die im Saal längst ihrer Arbeit nachgingen, da sich ja das Publikum während des Spiels verzogen hatte, darauf das Theater, darauf die Stadt, darauf die Erde, darauf das Sonnensystem und bald, in Lichtsekunden, auch Sie, meine Damen und Herren im Sonnensystem Alpha Centauri usw. usw. Wenn Sie mich erblicken könnten, so nur deshalb, weil ich und meine ganze Szene sowohl von Weiberlein als auch von Altenstein gestrichen wurden; Sie erblicken mich ohnehin geistig, nicht optisch, realistisch betrachtet bin ich wie jedes Gestrichene nicht vorhanden. Mein

Schicksal, welches angesichts der Tatsache, daß überhaupt nichts mehr vorhanden ist, keine Rolle mehr spielt, denn seien wir offen: Ich wurde immer gestrichen, meine Damen und Herren auf dem fünften Planeten Alpha Centauri, schon im Zweiten Weltkrieg – der Ihnen natürlich kein Begriff ist – wurde ich gestrichen, war ich doch der eigentliche Sieger, als Geheimberater General Eisenhowers – der Ihnen ja auch kein Begriff ist; das soll kein Vorwurf sein: Sternenweiten trennen uns. Aber die gestrichene Szene hätte auch Sie erschüttert: Auf den Knien hätte ich Korbes um die Ermordung meiner Tochter angefleht, auf Knien, damit sie an meiner Stelle die Unsterblichkeit erlangen würde, die mir von den Geschichtsschreibern gestrichen worden ist. Na ja, jetzt werden Sie ja auch bald gestrichen, vom Schwarzen Loch eingestrichen, und das nur, weil diese Szene, meine Szene, gestrichen wurde, denn Korbes hätte nachgegeben und meine Tochter ermordet, und ich wäre nicht zurückgekehrt in meiner Rolle als Fürchtegott Hofer, um meinen Stumpen zu holen, da ich ja auch meine Rolle als Oberst Macfire hätte spielen müssen, und als solcher bin ich Pfeifenraucher, und meine Tochter hätte den Autor nicht mit meinem Revolver – pardon, mit meinem Säbel erstochen. Aber nun ist es anders gekommen, gehen wir standhaft unter: Eine Träne für uns alle, mehr wollen wir uns nicht gestatten. *Läßt eine große Träne in den Orchestergraben fallen.* Eine Träne für Sie, meine Damen und Herren, die Sie bald nicht mehr existieren, für jene, die schon nicht mehr existieren, und für mich, der nie existiert hat. Trotzdem ist es reizvoll auszudenken, was sich währenddessen in der absoluten ›Schwarz-Schild-Singularität‹ ereignet, das heißt im Nullpunkt, zu welchem die Bühne mit Lichtgeschwindigkeit zusammenkracht, präziser: was sich ereignen würde, wenn sich etwas ereignen könnte; da sich aber nichts ereignen kann, ereignet sich auch nichts: Im absoluten Nichts, das uns verschluckt, bleibt uns deshalb nichts anderes übrig, als uns das Nichtereignisbare vorzustellen, kurz: das nur zu Dichtende. – Ich bin ganz verwirrt. Sie auch? Beschreiben wir dennoch, was sich auf der Bühne, die nicht mehr existiert, ereignen würde, wenn sich noch etwas ereignen könnte: Ich kann mir in diesem Fall nur so etwas wie den Schluß von Richard Wagners ›Götterdämmerung‹ vorstellen, auch wenn Sie sich weder von Wagner noch von seiner ›Götterdämmerung‹ einen Begriff zu machen vermögen, auch von seiner Musik nicht, Gott sei Dank, von dem vielleicht Sie, im Gegensatz zu uns, imstande sind, sich einen Begriff zu machen. Könnten nämlich Töne das Schwarze Loch verlassen (sie können es sowenig wie das Licht), so könnte ich mir zu Wagners Musik, die Sie, noch einmal Gott sei Dank, nicht zu hören vermögen, Folgendes denken: Da der gesamte Bühnenraum nur noch ein Schwarzes Loch ist, und das ganze Weltall darauf zu- und hineinsaust, wird die absolute Finsternis noch finsterer; dann sähe man – würde man etwas sehen –, daß bloß ein Dampfgewölk zurückbliebe, welches sich in den Hintergrund verzöge und sich dort am Horizont als finstere Wolkenschicht lagerte. Zugleich wäre vom Ufer her die Limmat* mächtig angeschwollen und

---

* durch andere Flüsse oder Ströme ersetzbar

hätte ihre Flut in die Trümmer des Bühnenbildes von Kegel gewälzt – auch moderne Kunst ist vergänglich. Auf den Wogen kämen die Verwaltungsräte des Schauspielhauses* herbeigeschwommen, und jetzt erschiene über den Trümmern des Bühnenbildes von Kegel Dürrenmatt, der Ihnen, meine Damen und Herren, meine Zentauren – wenn ich Sie so nennen darf: kurz vor dem Untergang wird es gemütlich, rückt man zusammen –, nun schon gar kein Begriff sein kann, handelt es sich doch um den Autor des Autors der ›Dichterdämmerung‹, um den Autor hoch zwei – wenn ich mir einen Scherz erlauben darf, der jedoch nicht wertend gemeint ist –, dieser Autor des Korbes und meiner selber geriete beim Anblick des Verwaltungsrats in höchsten Schrecken. Er würfe hastig den Kugelschreiber von sich und stürzte sich in die Flut mit dem Schrei: ›Zurück vom Theater!‹ Zwei Bühnenarbeiter umschlängen mit ihren Armen seinen Nacken und zögen ihn so zurückschwimmend mit sich in die ›Schwarz-Schild-Singularität‹. Der Präsident der Bühnenarbeitergewerkschaft hielte jubelnd das gewonnene Manuskript der ›Dichterdämmerung‹ in die Höhe. Das Ziel der verschiedenen Bühnenarbeitergewerkschaften wäre erreicht: die ›Dichterdämmerung‹ könnte nicht weiter aufgeführt werden, niemand brauchte bei gleichbleibender Bezahlung *noch* zu arbeiten. Durch die Wolkenschicht, welche sich am Horizont lagerte, bräche ein schwarzer Glutschein mit wachsender Finsternis aus. Von dieser finsteren Finsternis umnachtet sähe man den Verwaltungsrat auf den ruhigeren Wel-

---

* durch andere Theater ersetzbar

len der allmählich wieder in ihr Bett zurücktretenden Limmat, lustig mit den Subventionen spielend, im Reigen schwimmen. Aus den Trümmern des zusammengestürzten Bühnenbildes sähen ›Korbes‹, ich – halb als Fußballer, halb als Oberst –, die zwei jungen Damen, ›Der Sekretär‹, ›Kegel‹, ›Weiberlein‹, ›Altenstein‹ und die 28 Dramaturgen in höchster Ergriffenheit der wachsenden Finsternis am Himmel zu. Sobald diese endlich in undurchsichtiger Schwärze leuchten würde, erblickte man darin den Saal Walhalls, in welchem die Schriftsteller und Kritiker versammelt säßen. Schwarze Flammen schienen im Saal aufzuschlagen. Sobald die Schriftsteller und Kritiker von den Flammen gänzlich verhüllt wären, fiele der Vorhang. Das wäre das erhabene Ende der Tragödie, meine Damen und Herren, wobei noch hinzuzufügen wäre: da ein Schwarzes Loch alle Materie in sich zieht, könnten natürlich in Walhall nur gewichtige Schriftsteller und Kritiker versammelt sitzen, allzu viele wären es nicht, da leider der ›Schwarz-Schild-Radius‹, der die Größe des sich ständig vergrößernden Schwarzen Loches bestimmt, es unmöglich macht, alle Schriftsteller und Kritiker aufzunehmen, die aufgenommen werden möchten; welche Persönlichkeiten aufgenommen oder besser: aufgesogen würden, wäre leider in der absoluten Finsternis unmöglich festzustellen. Nebensächlich. Die unermeßlichen Mengen gewichtsloser Schriftsteller und Kritiker würden gleichsam im Nichts um das Nichts herum verharren oder kreisen – wie Sie wollen –, unsterblich oder nicht vorhanden – auch wie Sie wollen –, während von irgendwoher – von welchem Nichts der Nichtse her wäre nicht auszumachen –, von niemandem mehr gehört, als wäre es ein Nachwort auf das Weltende, die ungeheure Stimme Richard Wagners erdröhnte: Seine Dichtung ›Die Götterdämmerung‹ sei wie seine Musik unsterblich, über das ihm vorgelegte Machwerk ein Wort zu verlieren, verbiete ihm die Höflichkeit. Die Lohe der Vergessenheit werde es verzehren – gelte doch seit seinem Schaffen, was die Nornen sängen:

»Zu End' ewiges Wissen!
Der Welt melden
Weise nichts mehr.«

Das einzige, was doch noch zu wissen wäre – würde im totalen Nichts, welches dem Weltuntergang folgt, mit dem Weltei des Schwarzen Loches irgendwo in ihm, die unhörbare Stimme Richard Wagners fragen – sei dies im Schlußmonolog des schottischen Unteroffiziers – Ich bin Oberst, Herr Wagner, und habe den Zweiten Weltkrieg gewonnen, na ja, das hört er ja auch nicht mehr – im Schlußmonolog, den ich eben halte, träte anstelle Hagens ein Schriftsteller namens Dürrenmatt auf, der statt ›Zurück vom Ring!‹ ›Zurück vom Theater!‹ schreie. Welchem Siegfried habe nun eigentlich dieser Dürrenmatt-Hagen den Speer in den Rükken gestoßen? Am Ende sich selber? Nach dieser letzten der Fragen würde auch Wagner nicht mehr zu hören sein, wenn er zu hören gewesen wäre. Aber Bums!, das Weltei ist explodiert: Aus dem Schwarzen Loch wurde ein Weißes Loch, und in einigen Milliarden Jahren wird auch Wagner wieder komponieren, und auch Dürrenmatt wieder schreiben, und die Kritiker wieder – Sie verstehen, was ich meine: die schlimmst-mögliche Wendung ist das einzige, auf das wir setzen können. Aber inzwischen, ihr Lieben im System des Alpha Centauri, seid auch ihr im Schwarzen Loch verschwunden, und ich richte meinen Abschiedsgruß auf den siebenten Planeten des Delta Comoediae, der vierten Sonne des Sternbilds der Komödie im Andromedanebel M 31. Hoffentlich seid ihr noch nicht dran, und wenn ihr drangewesen seid, wenn ihr vom Schwarzen Loch schon verschluckt seid, grüß ich den zweiten Planeten des Omikron Tragoediae, den zweiten Planeten der fünfzehnten Sonne im Sternbild der Tragödie, in der Galaxie M 104, einundvierzig Millionen Lichtjahre von uns entfernt in der Vergangenheit – o Pardon, Omikron Tragoediae ist ja längst explodiert; ihr seid schon seit der Eiszeit nicht mehr vorhanden, wir erfanden damals gerade die Steinschleuder. Weltuntergang, ahoi! *Fällt in den Orchestergraben. Seine Stimme von unten.* Hilfe: Ich bin in den Orchestergraben gefallen.

Die anderen Schauspieler treten vor den Vorhang.

DER AUTOR Verletzt?
MACFIRE Ein Bein gebrochen.
DIE JUNGE DAME Sanität?
MACFIRE Ich bin auf eine Leiche gefallen.
DER SEKRETÄR Auf eine frische?
MACFIRE Auf Weiberlein. Er ist schon fast eine Mumie.
DER AUTOR Kein Wunder, er mußte sich vier Wochen lang unseren Text anhören.
MACFIRE Und ich dachte, er inszeniere irgendwo Dürrenmatt.
DER AUTOR Ich sagte doch, daß den niemand mehr spielt.

MACFIRE Man wird mich umbesetzen müssen.
DER AUTOR Wozu? Deine Rolle als Fürchtegott Hofer wird einfach auch gestrichen.
MACFIRE Aber dann hat das Stück doch jeden Sinn verloren!
DER SEKRETÄR Um so stärker ist seine Aussage.
DER AUTOR Ich lasse mich auch streichen.
DIE JUNGE DAME Ich mich auch.
DER SEKRETÄR Ich spiele allein weiter.
DER AUTOR Amateur.

Man hört die Sirene des Sanitätswagens.

DIE JUNGE DAME Die Sanität kommt.
MACFIRE Da ist ja noch eine zweite Leiche.
DER AUTOR Wo!
MACFIRE Unter der großen Trommel.
DER AUTOR Wer?
MACFIRE Der Intendant.
DIE JUNGE DAME Der inszeniert doch seit drei Monaten in Sydney den ›Ring der Nibelungen‹.
DER SEKRETÄR Schade, daß es kein Kritiker ist.
DER AUTOR War unser Intendant auch einmal.
DIE JUNGE DAME Oder ein Regisseur.
DER AUTOR War unser Intendant auch einmal.
DIE JUNGE DAME Daß die in Sydney nicht bemerkt haben, daß er nicht gekommen ist.
DER AUTOR Ob in einem subventionierten Theater Weiberlein, Altenstein oder niemand inszeniert, es kommt doch immer das gleiche heraus: subventioniertes Theater.

Zwei Sanitäter mit einer Bahre stürzen in den Saal.

DER AUTOR Da seid ihr ja endlich. Ein Beinbruch und zwei Leichen.

ERSTER SANITÄTER Verzeiht, daß wir so spät kommen. Aber wir mußten die Stadtpläne durchforschen. Kein Mensch in dieser Stadt weiß mehr, wo das Theater ist.

Anhang

Voraussichtliches zum ›Meteor‹

Ich werde ein neues Stück schreiben. Das Thema: der Tod. Im Mittelpunkt steht ein sterbender Mensch von heute. Das Bewußtsein des nahen Todes verleiht ihm eine ungeheure Kraft, eine Kraft der Zerstörung. Angesichts des Todes übersteigert sich sein Individualismus, jede gesellschaftliche Bindung fällt dahin. Ich zeige, daß Nihilismus keine Lehre, sondern eine Haltung des Menschen ist. *Der Meteor* heißt das Stück. Ein Meteor wird bekanntlich, wenn er in die Lufthülle der Erde eintritt, ungeheuer erhitzt, und er entwickelt einen phantastischen Glanz, ehe er erlöscht.

Aus ›Ausblick ins Jahr 1964‹, ›Schweizer Illustrierte‹, 30. Dez. 1963

Zwanzig Punkte zum ›Meteor‹

1. Eine Kritik ist ohne Analyse unmöglich.
2. Es geht um die Frage ›Was stellt der Autor dar?‹ und nicht um die Frage, was der Autor beabsichtigte. Was der Autor beabsichtigte, ist seine Sache, was er darstellt, das objektive Resultat seiner Bemühungen. Eine Kritik hat sich vorerst nur mit diesem Resultat zu befassen.
3. Das objektive Resultat habe ich auf seine immanente Logik hin zu überprüfen. Zum Beispiel: Nichts darf in einem Stück grundlos geschehen. Der Grund, weshalb etwas geschieht, muß in der Idee des Stückes liegen. Doch nicht nur der Grund des

Geschehens, sondern auch die geschilderten Persönlichkeiten müssen durch die Idee des Stückes bestimmt sein.

4. Die Idee eines Stückes muß oder sollte schon an sich die dramatische Konstellation enthalten, die das Stück erst möglich macht. Ein Stück hat keine andere Aussage als seine Idee – anders gesagt: alle seine Aussagen müssen in der Idee des Stückes ihren Grund haben.

5. Die Idee des Stückes ist die Geschichte eines Mannes, der aufersteht und seine Auferstehung nicht glaubt.

6. Eine Auferstehung ist ein Wunder.

7. Ein Wunder ist zweierlei: Für den Gläubigen ein Beweis Gottes oder – für den Ungläubigen – ein unbekanntes Naturphänomen, eine Halluzination, ein Betrug usw., das heißt: ein Ärgernis.

8. Der Auferstandene, der nicht an seine Auferstehung glaubt, ist daher ein doppeltes Ärgernis: für die einen ist er als Auferstandener ein Ärgernis und für die anderen als ein nicht Glaubender.

9. Der Grund, weshalb der *Meteor* ein Ärgernis ist, liegt deshalb in der Idee des Stückes: das Ärgernis ist unvermeidlich.

10. Ein Auferstandener, der nicht an seine Auferstehung glaubt, ist ein Paradox.

11. Ein paradoxer Mensch ist in einem höheren Sinne eine komische Gestalt, eine Gestalt, die gleichzeitig tragisch und komisch ist. *Der Meteor* ist weder als reines Lustspiel denkbar noch als reine Tragödie. Vor allem verträgt die Idee, wagt man sie darzustellen, keine Dämpfung zu Gunsten eines gesitteten Bildungs-Christentums. Tragisch und komisch zugleich heißt nicht, daß sich das Tragische und das Komische aufheben, sondern daß sich die Tragik und die Komik schroff gegenüberstehen – das ist übrigens auch ein Inszenierungsproblem. *Der Meteor* kann nicht gepflegt inszeniert werden. Es ist ein wildes Stück.

12. Als Auferstandener, der nicht an seine Auferstehung glaubt, ist Schwitter eine Gestalt aus der christlich-abendländischen

Welt. Indem ein Wunder geschieht, wird ein Faktum gesetzt. Das Christentum glaubt an die verheißene Auferstehung des Menschen im Jüngsten Gericht – die Frage ist nur, inwieweit das die Christenheit heute noch wirklich glaubt. Ursprünglich war sich die Christenheit bewußt, daß sie für die Juden ein Ärgernis und für die Griechen eine Torheit war. Heute ärgert sie sich darüber, daß sie für den Nichtchristen eine Torheit sein soll: Die heutige Christenheit ist sich selber zum Ärgernis geworden. In dieser Perspektive ist der Auferstandene, der nicht an seine Auferstehung glaubt, eine Gestalt, die die heutige Christenheit versinnbildlicht. Insofern wir uns zu ihr zählen, lachen, ärgern, pfeifen wir über uns selber.

13. Wenn ich Schwitter eine Gestalt der christlich-abendländischen Welt nenne, meine ich damit nicht, er sei eine Allegorie, und ich meine damit nicht, ich hätte eine allegorische Fabel geschrieben, in der alles seinen tieferen Sinn habe – wie jene Dame, die nach Eliots ›Cocktail Party‹ sagte, sie hätte alles verstanden, nur wenn der Psychiater zu Celia sage »Setzen sie sich«, habe sie die tiefere Bedeutung noch nicht begriffen. ›Hamlet‹ oder ›Lear‹ sind ja auch nicht Allegorien, und dennoch sind ihre Gestalten gültige Bilder einer menschlichen Ursituation.

14. Der Auferstandene, der nicht an seine Auferstehung glaubt, kann nicht glauben. *Der Meteor* ist ein Stück über das Nichtglauben-Können. Ein Auferstandener kann eines nicht wissen: daß er tot war. Daß er tot war, muß er von anderen erfahren. Er muß daher den anderen glauben. Glauben heißt zuerst einmal ganz primitiv, den andern vertrauen. Indem man nicht vertraut, sondert man sich ab. Nicht glauben ist ein Sichabsondern. Schwitter ist abgesondert, er ist der Einzelne, in seiner schrecklichen Einsamkeit ein Bild des Einzelnen!

15. Der Auferstandene, der nicht an seine Auferstehung glaubt, ist ein Paradox. Er weiß nicht, daß er an etwas Falsches glaubt. Er hält seinen Glauben für ein Wissen. Der Tod ist für ihn etwas Unüberwindliches. Er glaubt nicht an seine Auferste-

hung, weil er an sich an keine Auferstehung glaubt. Er hat nichts als das Leben. Daß er sterben muß, ist seine Verzweiflung. Will er seine Verzweiflung überwinden, muß er dem Sterben einen Sinn geben. Das kann er nur – extrem gesehen, und *Der Meteor* hat ja nur als extremes Stück seinen Sinn –, indem er das Leben in Frage stellt und den Tod als das Absolute setzt. Nur so wird das Sterben zum Höhepunkt des Lebens.

16. Der Mensch lebt nicht allein. Leben ist nur durch und im Zusammenleben möglich – allein ist der Mensch nur im Sterben. Sterben ist die letztmögliche Vereinzelung. Im Sterben wird der Mensch zu einem totalen Individuum. Schwitter sondert sich zweimal ab, indem er nicht glaubt und indem er glaubt, daß er stirbt.

17. Als Auferstandener gehört Schwitter zu den Lebenden – als Auferstandener, der nicht an seine Auferstehung glaubt, zählt er sich zu den Sterbenden. Er wird zu einem Einzelnen in der Gesellschaft, zu einem totalen Individuum unter den relativ Individuellen: Ein solches Individuum wird gefährlich allein dadurch, daß der Tod, an den es glaubt, nicht stattfindet.

18. Schwitter gewinnt nicht das ewige Leben, sondern das ewige Sterben.

19. Das ist die Idee des Stückes in ihrer diskutierten Form. Nur von ihr aus kann das Stück kritisiert, das heißt überprüft werden.

20. Ein Stück ist die Umwandlung einer Idee ins absolut Spontane.

Geschrieben aus Anlaß einer Diskussion über den ›Meteor‹ am 25. Februar 1966 im Schauspielhaus Zürich. Erstmals erschienen in der ›Neuen Zürcher Zeitung‹, 28. Februar 1966.

Schluß der ersten Fassung des ›Meteors‹

SCHWITTER Frau Nomsen! *Starrt sie an.* Reden Sie doch, Frau Nomsen! • *Geht zu ihr, beugt sich über sie.* Frau Nom – *Entsetzen ergreift ihn. Er stellt die spanische Wand vor sie.* Auguste! Weggelaufen! Hauswart! *Reißt die Vorhänge zurück, öffnet das Fenster.* Die verfluchte Sonne! Sie geht auch nicht unter! *Rennt zur Tür, reißt sie auf.* Hauswart!

Jochen tritt auf.

JOCHEN Mit den Tantiemen ist es auch nichts.

Schwitter kauert sich aufs Bett.

JOCHEN Ich komme aus der Bar. Koppe hat mich aufgeklärt. Du bist aus der Mode gekommen, Alter. Deine Bücher verschimmeln in Leihbibliotheken, deine Stücke sind vergessen. Die Welt will harte Tatsachen, keine erfundenen Geschichten. Dokumente, keine Legenden. Belehrung, nicht Unterhaltung. Der Schriftsteller engagiert sich oder wird überflüssig.
SCHWITTER Komm her!
JOCHEN Ich bin aufgetaucht, um beim Anblick deiner Leiche einige gotteslästerliche Flüche auszustoßen. *Blickt hinter die spanische Wand.* Wer zum Teufel –
SCHWITTER Frag nicht! Tot ist tot! Setz dich!

Jochen gehorcht.

SCHWITTER Näher! Ich habe Angst.

JOCHEN Wovor?
SCHWITTER Daß ich wieder leben muß.
JOCHEN Unsinn.
SCHWITTER Ewig leben.
JOCHEN Kein Mensch lebt ewig.
SCHWITTER Ich auferstehe immer.
JOCHEN Du wirst es schon noch schaffen.
SCHWITTER Ich glaube nicht mehr daran. Alle gingen zugrunde in diesem verfluchten Atelier: Der Pfarrer, der Maler, der große Muheim, Olga, der Arzt und die fürchterliche Frau Nomsen, und nur ich muß weiterleben.
JOCHEN Stimmt nicht, Alter. Du hast mich vergessen. Auch ich muß weiterleben. Ich bin kein Kerl geworden. Ich muß einige abgetakelte Weiber finden, die mich aushalten. Schade. Ich wollte nicht viel. Ich wollte nur dein Vermögen. Geld stinkt nicht. Die anderthalb Millionen waren das einzig Anständige an dir. Ich wollte damit ein ehrlicheres Leben führen, als du eines führtest mit deinem Kunstrummel und mit deinem Geist, ich wollte frei sein und deinen Ruhm ausspeien, da hast du mich mit einigen Streichhölzern erledigt. Es ist aus mit der Schwitterei.

In der Türe steht der Major der Heilsarmee, Friedli, mit Heilsarmisten.
Die Frauen und Männer dringen ins Atelier, einer mit einer Posaune.

MAJOR FRIEDLI Ich bin Major Friedli von der Heilsarmee.
DIE HEILSARMEE Halleluja!
SCHWITTER Hinaus! Fort!
MAJOR FRIEDLI *unbeirrt* Willkommen seist du, den Jesus Christus heiligte!
DIE HEILSARMEE Halleluja!
SCHWITTER Ihr seid im falschen Lokal. Hier wird nicht gepredigt, hier wird gestorben!

Schluß der ersten Fassung des ›Meteors‹

MAJOR FRIEDLI *unbeirrt* Gegrüßt seist du, Auferstandener!
DIE HEILSARMEE Halleluja!
MAJOR FRIEDLI Dir geschah nach deinem Glauben! Du bist berufen zum ewigen Leben!
SCHWITTER Ich bin berufen zum Sterben, allein der Tod ist ewig. Das Leben ist eine Schindluderei der Natur sondergleichen, eine obszöne Verirrung des Kohlenstoffs, eine bösartige Wucherung der Erdoberfläche, ein unheilbarer Schorf. Aus Totem zusammengesetzt, zerfallen wir zu Totem. Zerreißt mich, ihr Himmelstrommler!
HEILSARMEE Halleluja!
SCHWITTER Zerstampft mich, ihr Handorgelbrüder!
HEILSARMEE Halleluja!
SCHWITTER Schmettert mich die Treppe hinunter, ihr Psalmenjodler!
HEILSARMEE Halleluja!
SCHWITTER Seid gnädig, ihr Christen!
FRIEDLI Halleluja!
SCHWITTER Schlagt mich mit euren Gitarren und Posaunen tot!

Die Posaune hat eingesetzt.

DIE HEILSARMEE *mit Posaune*
>   Morgenglanz der Ewigkeit
>   Licht vom unerschaffnen Lichte
>   Schick uns diese Morgenzeit
>   Deine Strahlen zu Gesichte
>   Und vertreib durch deine Macht
>   Unsre Nacht

Die Posaune leitet zur nächsten Strophe über. Schwitter richtet sich im Bett auf.

SCHWITTER Wann krepiere ich denn endlich!

DIE HEILSARMEE *mit Posaune*
>   Ach, du Aufgang aus der Höh
>   Gib, daß auch am Jüngsten Tage
>   Wieder unser Leib ersteh
>   Und, entfernt von aller Plage
>   Sich auf jener Freudenbahn
>   Freuen kann!

Die Posaune setzt zur letzten Strophe ein, und der Vorhang fällt.

Über ›Unverbindlichkeit‹

Es ist hier vielleicht noch dem Vorwurf entgegenzutreten, der immer wieder gegen mich erhoben wird, ich sei unverbindlich. Nun gebe ich zu, daß ich mißtrauisch gegen eindeutige Antworten bin; die heutige Welt läßt sie nicht zu – es sei denn, sie werde nach der Methode der Ideologen derart vereinfacht, daß eindeutige Antworten herausspringen. Meine Abneigung gegen das Eindeutige hat jedoch nichts mit Unverbindlichkeit zu tun: Ich bin bloß zu höflich, vom Publikum Verbindlichkeit zu fordern, zu verlangen, daß es sich mit meinen Einsichten verbinde, auch wenn ich mich freue, wenn es sich ihnen nicht verschließt. Ich darf mich behaften, nicht das Publikum, so wie ich mich ernst nehme und nicht die Kritiker, sie sind mir mit gleichem Recht verbindlich, wie ich ihnen. Wer glaubt, verbindlich zu reden, macht sich mir suspekt. Mehr als die Hoffnung, man sei für jemanden verbindlich – und sei es auch so, daß in ihm durch das, was wir schreiben, eine Einsicht aufgeht, die uns nicht aufging –, mehr als diese Hoffnung zu hegen, scheint mir ein schriftstellerischer Größenwahnsinn.

Geschrieben 1980 für die vorliegende Ausgabe.

Notiz zur ›Dichterdämmerung‹

Die *Dichterdämmerung* ist die szenische Bearbeitung des Hörspiels *Abendstunde im Spätherbst*. Dem Autor war es klar, daß er diese Bearbeitung, die Parodie der Literatur, gleichzeitig in eine Parodie des Theaters erweitern müsse. Er legt im weiteren Wert darauf, zu bemerken, daß seine Meinung über die Kritik nicht so freundlich ist wie die, welche in diesem Stück geäußert wird.

F. D.

Abendstunde im Spätherbst
Ein Hörspiel

»*Der Herr Korbes muß ein
recht böser Mann gewesen sein*«
Die Brüder Grimm

Die Stimmen

Der Autor
Der Besucher
Der Sekretär
Die junge Dame
Die zweite junge Dame
Der Hoteldirektor

Geschrieben 1956
Ausgezeichnet mit dem ›Prix d'Italia‹
1958

DER AUTOR *(auch als bloße Szenenbeschreibung oder als Anmerkung zu lesen)* Meine Damen, meine Herren. Zu Beginn halte ich es für meine Pflicht, Ihnen den Ort dieser vielleicht etwas seltsamen, aber – ich schwöre es – wahren Geschichte zu beschreiben. Zwar ist es nicht ganz ungefährlich, wahre Geschichten zu erzählen, jemand von der Polizei oder gar ein Staatsanwalt könnte schließlich zugegen sein, wenn auch nicht gerade dienstlich, doch darf ich mir dies insofern erlauben, weil ich genau weiß, daß Sie diese meine wahre Geschichte nicht für wahr halten, wenigstens offiziell nicht; denn in Wirklichkeit – inoffiziell sozusagen – wissen Sie natürlich – Hand aufs Herz – ganz genau, auch der möglicherweise anwesende Staatsanwalt oder Polizist, daß ich n u r wahre Geschichten zum besten gebe. Nun, darf ich um eine kleine Anstrengung bitten? Stellen Sie sich den Salon eines Grandhotel-Appartements vor. Der Preis von Räubern abgekartet. Modern, für einen längeren Aufenthalt hergerichtet. Einverstanden? Links vor Ihnen (Sie brauchen nur die Augen zu schließen, dann sehen Sie den Raum deutlich, nur Mut, Phantasie besitzen Sie wie alle Menschen, auch wenn Sie es vielleicht bezweifeln), links vor Ihnen erblicken Sie verschiedene Tische zusammengerückt. Interessiert Sie der Arbeitsplatz eines Schriftstellers? Bitte, treten Sie näher. Sie sind enttäuscht? Zugegeben, auch die Arbeitsplätze kleinerer Schriftsteller können so aussehen. Eine Unordnung von Papieren, eine Schreibmaschine, Manuskripte, eng mit Korrekturen übersät in verschiedenen Farben, Bleistifte, Kugelschreiber, Gummis, eine große Schere. Leim. Ein Dolch – na ja, aus Versehen hiehergekommen – räuspert sich. Hinter diesem Wirrwarr eine Art improvisierte Hausbar – Kognak, Whisky, Absinth, Rotwein usw. –, auch dies sagt nichts über die Größe, die Qualität, über das Genie des Schriftstellers aus, um den es hier geht, spricht nicht zu seinen Gunsten, aber auch nicht zu seinen Ungunsten. Doch beruhigen Sie sich: rechts im Zimmer herrscht Ordnung. Besser: verhältnismäßige Ordnung, wenn ich dieses – na ja, weibliche Kleidungsstück – versorgt habe, in die Ecke damit, und auch diesen Revolver – versorgen wir ihn in der Schublade. Fauteuils, groß, weich, bequem, von neuester Konstruktion, und überall liegen Bücher herum, an den Wänden Photographien, Bilder von – nun, das werden Sie vernehmen. Das schönste aber: der Hintergrund. Eine große, offene Türe, ein Balkon, die Aussicht bezaubernd, dem Preise entsprechend, ein lichter See, bedeckt noch vor wenigen Wochen mit weißen, roten Segeln, nun leer, eine tiefblaue Fläche, Hügel, Wälder dahinter, Vorberge. Der Himmel: abendlich. Strand, auch er verlassen, Spätherbst, alles in allem, eine Orgie in Gelb und Rot, doch auf den Tennisplätzen noch Leben, das Ticken von Ping-Pong. Hören Sie? Kehren wir ins Zimmer zurück. Betrachten wir die Hauptpersonen unseres Spiels. Beginnen wir mit mir – Sie hören richtig – ich bin eine der Hauptpersonen, es tut mir leid, wirklich. Doch will ich mir Mühe geben, Sie nicht allzu abrupt zu erschrecken. So schiebe ich mich denn vorsichtig von rechts in den Raum, komme eben aus dem Schlafzimmer, offenbar war ich eben beschäftigt – nun, das geht niemanden etwas an, womit ich eben beschäftigt war, obgleich es in gewissen Zeitungen stehen wird, in der ›Abendzeitung‹ etwa oder im ›Bild‹, was steht nicht alles in gewissen Zeitungen über mich, mein Leben ist verlottert, konfus, wild, skandalumwittert, ich will es nicht bestreiten, und den Rest sagt mein Name: Korbes – auch hier hören Sie richtig. Maximilian Friedrich Korbes, Romancier, Nobelpreisträger usw. usw., dick, braungebrannt, unrasiert, kahler Riesenschädel. Meine Eigenschaften: brutal, gehe aufs Ganze, versoffen. Sie sehen, ich bin ehrlich, wenn ich auch nur den Eindruck referiere, den die Welt von mir hat. Möglich, daß dieser Eindruck stimmt, möglich, daß ich so geschaffen bin, wie ich mich eben geschildert habe und wie Sie mich, meine Damen und Herren, von der Filmwochenschau, von den Illustrierten her kennen, die Königin von Schweden wenigstens – anläßlich der Verleihung des schon erwähnten Preises – meinte, ich sähe genau so aus. Dabei war ich im Frack, hatte allerdings ein Glas Bordeaux versehentlich über die königliche Abendrobe gegossen. Doch wer kennt wen, wer kennt sich. Man mache sich keine Illusion. Ich wenigstens kenne mich nur flüchtig. Kein Wunder. Die Gelegenheiten, mit sich selber Bekanntschaft zu machen, sind rar, stellten sich bei mir etwa ein, als ich über eine Eisfläche des Kilimandscharos in die Tiefe sauste, als die berühmte – na ja, Sie wissen schon, wen ich meine – eine gotische Madonna – nicht die rechts im Zimmer, sondern eine andere – auf meinem Kopf zerschmetterte, oder – nun, diesen Vorfall sollen Sie selber vernehmen. Ich wünsche Ihnen viel Vergnügen dabei. Doch zuerst noch ein Wort zu meiner Kleidung. Auch hier bitte: Verzeihen Sie; vor allem: Verzeihen Sie, meine Damen. Ich trage eine Pyjamahose und einen Schlafrock, offen, der nackte Oberkörper – weißbehaart – ist halb sichtbar. All dies ist nicht zu verschweigen. In der Hand: ein leeres Glas. Ich will zur Bar, stutze jedoch, wie ich den Besucher sehe, der sich unvermutet in meinem Arbeitszimmer befindet. Der Kerl ist bald beschrieben. Streng bürgerlich, klein, hager, einem alten Reisenden in Versicherungen nicht unähnlich, eine Mappe unter dem Arm. Näher auf den Herrn einzugehen ist nicht nötig, schon aus dem Grunde, daß er nach Ablauf unserer Geschichte auf eine ganz natürliche Weise nicht mehr vorhanden und deshalb auch nicht mehr von Interesse sein wird. Doch genug. Der Besucher beginnt zu sprechen, wir wären soweit.

DER BESUCHER *schüchtern* Ich freue mich, vor dem weltberühmten und weltverehrten Dichter Maximilian Friedrich Korbes zu stehen.
DER AUTOR *grob* Zum Teufel, was treiben Sie in meinem Arbeitszimmer?
DER BESUCHER Ihr Sekretär führte mich herein. Ich harre schon über eine Stunde.
DER AUTOR *nach einer Pause, etwas milder* Wer sind Sie?
DER BESUCHER Mein Name ist Hofer. Fürchtegott Hofer.
DER AUTOR *mißtrauisch* Sie kommen mir bekannt vor. *Dann geht ihm ein Licht auf.* Sie sind wohl der Mensch, der mich mit Briefen bombardiert?
DER BESUCHER Stimmt. Seit Sie in Iselhöhebad weilen. Sprach außerdem jeden Morgen beim Portier vor. Wurde abgewiesen. Endlich lauerte ich Ihrem Sekretär auf. Ein strenger junger Mann.
DER AUTOR Theologiestudent. Mausearm. Muß sein Studium verdienen.
DER BESUCHER Es gelang mir nur mit unendlicher Geduld, ihn zu überzeugen, daß diese Zusammenkunft für uns beide von größter Tragweite sein werde, verehrter Meister.
DER AUTOR Korbes. Den verehrten Meister sparen Sie sich.
DER BESUCHER Verehrter Herr Korbes.
DER AUTOR Wenn Sie schon in der Nähe der Bar stehen, reichen Sie mir den Whisky rüber – links außen steht die Flasche.
DER BESUCHER Bitte sehr.
DER AUTOR Danke schön. *Er schenkt sich ein.* Nehmen Sie auch einen?
DER BESUCHER Lieber nicht.
DER AUTOR Absinth? Campari? Ein anderes Getränk?
DER BESUCHER Auch nicht.
DER AUTOR *mißtrauisch* Abstinenzler?
DER BESUCHER Nur vorsichtig. Ich stehe schließlich einem Geistesriesen gegenüber. Ich fühle mich ein wenig wie der heilige Georg vor dem Kampf mit dem Lindwurm.

DER AUTOR Katholisch?
DER BESUCHER Evangelisch.
DER AUTOR Durst.
DER BESUCHER Sie sollten sich schonen.
DER AUTOR *grob* Sie haben mir keine Ratschläge zu geben.
DER BESUCHER Ich bin Schweizer, Herr Korbes. Darf ich den Raum näher betrachten, in welchem der Dichter arbeitet?
DER AUTOR Schriftsteller.
DER BESUCHER Der Schriftsteller arbeitet? Überall Bücher, Manuskripte. Darf ich die Photographien an der Wand betrachten? Faulkner. Mit eigenhändiger Unterschrift: ›Meinem lieben Korbes‹. Thomas Mann: ›Meinem bewunderten Korbes, sein verängstigter Thomas‹. Hemingway: ›Meinem besten Freunde Korbes, sein Ernest‹. Henry Miller: ›Meinem Seelenbruder Korbes. Nur in der Liebe und im Mord sind wir noch wahr‹. Und nun die Aussicht. Superb der Blick auf den See mit dem Hochgebirge dahinter und den wechselnden Wolkengebilden darüber. Und eben geht die Sonne unter. Rot. Gewaltig.
DER AUTOR *mißtrauisch* Sie schreiben wohl?
DER BESUCHER Ich lese. Kann Ihre ganzen Novellen auswendig.
DER AUTOR Lehrer von Beruf?
DER BESUCHER Buchhalter. Pensionierter Buchhalter der Firma Oechsli und Trost in Ennetwyl bei Horck.
DER AUTOR Setzen Sie sich.
DER BESUCHER Herzlichen Dank. Es bangt mir ein wenig vor diesen übermodernen Stühlen. Ein luxuriöses Appartement.
DER AUTOR Die Preise sind auch danach.
DER BESUCHER Kann ich mir denken. Iselhöhebad ist teuer. Für mich katastrophal. Dabei wohne ich höchst bescheiden in der Pension ›Seeblick‹. *Er seufzt.* In Adelboden war's billiger.
DER AUTOR In Adelboden?
DER BESUCHER In Adelboden.

DER AUTOR War ebenfalls in Adelboden.
DER BESUCHER Sie im Grandhotel ›Wildstrubel‹, ich im Erholungsheim ›Pro Senectute‹. Wir begegneten uns einige Male. So bei der Drahtseilbahn auf die Ängstligenalp und auf der Kurterrasse in Baden-Baden.
DER AUTOR In Baden-Baden waren Sie auch?
DER BESUCHER Auch.
DER AUTOR Während ich dort weilte?
DER BESUCHER Im christlichen Heim ›Siloah‹.
DER AUTOR *ungeduldig* Meine Zeit ist spärlich bemessen. Ich habe wie ein Sklave zu arbeiten, Herr –
DER BESUCHER Fürchtegott Hofer.
DER AUTOR Herr Fürchtegott Hofer. Mein Lebenswandel verschlingt Hunderttausende. Ich kann nur eine Viertelstunde für Sie aufwenden. Fassen Sie sich kurz, sagen Sie mir, was Sie wünschen.
DER BESUCHER Ich komme in einer ganz bestimmten Absicht.

Der Autor steht auf.

DER AUTOR Sie wollen Geld? Ich habe keines für irgend jemanden übrig. Es gibt eine so ungeheure Anzahl von Menschen, die keine Schriftsteller sind und die man anpumpen kann, daß man Leute von meiner Profession gefälligst in Ruhe lassen soll. Und im übrigen ist der Nobelpreis verjubelt. Darf ich Sie nun verabschieden.
DER BESUCHER *erhebt sich* Verehrter Meister –
DER AUTOR Korbes.
DER BESUCHER Verehrter Herr Korbes –
DER AUTOR Hinaus!
DER BESUCHER *verzweifelt* Sie mißverstehen mich. Ich bin nicht aus finanziellen Gründen zu Ihnen gekommen, sondern, weil – *entschlossen* – weil ich mich seit meiner Pensionierung als Detektiv betätige.
DER AUTOR *atmet auf* Ach so. Das ist etwas anderes. Setzen

wir uns wieder. Da kann ich ja erleichtert aufatmen. Sie sind also jetzt bei der Polizei angestellt?
DER BESUCHER Nein, verehrter –
DER AUTOR Korbes.
DER BESUCHER Verehrter Herr Korbes. Ich bin Privatdetektiv geworden. Schon als Buchhalter gab es allerlei zu enthüllen, und nicht ganz ohne Erfolg. Ich war Revisor, ehrenhalber, in diesem und jenem Verein. Ja, es gelang mir sogar, den Gemeindekassier von Ennetwyl ins Zuchthaus zu bringen als Veruntreuer von Mündelgeldern. Doch, im Alter, wie nun etwas Erspartes zur Verfügung stand und meine Gattin kinderlos gestorben war, beschloß ich, gänzlich meiner Neigung zu leben, und dies auf Grund der Lektüre Ihrer Bücher.
DER AUTOR Meiner Bücher?
DER BESUCHER Ihrer unsterblichen Bücher! Meine Einbildungskraft entzündete sich an ihnen. Ich las sie fiebernd, mit Spannung, schlankweg hingerissen von den grandiosen Verbrechen, die Sie schildern. Ich wurde Detektiv wie etwa einer auf dem religiösen Gebiet, begeistert von der Meisterschaft, mit der der Teufel seine Arbeit verrichtet, Theologe werden könnte, erzeugt doch jeder Druck einen gleich heftigen Gegendruck. Mein Gott, und nun sitze ich hier, neben einem Nobelpreisträger, und die Sonne geht unter hinter dem Hüttliberg, und Sie trinken Whisky –
DER AUTOR Sie sind dichterisch veranlagt, lieber Fürchtegott Hofer.
DER BESUCHER Das kommt nur von der Lektüre Ihrer Schriften.
DER AUTOR Das tut mir leid. Sie sind eher ärmlich gekleidet. Sie scheinen in Ihrem neuen Beruf nichts zu lachen zu haben.
DER BESUCHER Ich bin allerdings nicht auf Rosen gebettet.
DER AUTOR Der Justizminister dieses Landes ist mein Freund. Will ihm mal einen Wink geben. Auf welches Gebiet der Kriminalistik haben Sie sich geworfen? Auf Spionage? Auf Ehebruch? Auf den Rauschgift- oder den Mädchenhandel?

DER BESUCHER Auf das literarische Gebiet.

Der Autor steht auf.

DER AUTOR *streng* Dann muß ich Sie zum zweiten Mal bitten, diesen Raum auf der Stelle zu verlassen!
DER BESUCHER *steht auf* Verehrter Herr Korbes!
DER AUTOR Sie sind Kritiker geworden.
DER BESUCHER Lassen Sie sich doch erklären –
DER AUTOR Hinaus!
DER BESUCHER *verzweifelt* Aber ich habe doch nur Ihre Werke auf ihren kriminellen Gehalt hin untersucht!
DER AUTOR *beruhigt* Ach so. Dann können Sie bleiben. Setzen wir uns wieder.
DER BESUCHER Ich bin so frei.
DER AUTOR Ich wurde schon tiefenpsychologisch, katholisch, protestantisch, existenzialistisch, buddhistisch und marxistisch gedeutet, aber noch nie auf die Weise, wie Sie es unternommen haben.
DER BESUCHER Ich bin Ihnen denn auch eine Erklärung schuldig, verehrter Meister –
DER AUTOR Korbes.
DER BESUCHER Verehrter Herr Korbes. Ich las Ihre Werke auf Grund eines ganz bestimmten Verdachts. Was es in der Phantasie – in Ihren Romanen – gibt, mußte es auch in der Wirklichkeit geben, denn es scheint mir unmöglich, etwas zu erfinden, was es irgendwo nicht gibt.
DER AUTOR *stutzt* Eine ganz vernünftige Überlegung.
DER BESUCHER Auf Grund dieser Überlegung begann ich nach den Mördern Ihrer Romane in der Wirklichkeit zu suchen.
DER AUTOR *elektrisiert* Sie nahmen an, es existiere zwischen meinen Romanen und der Wirklichkeit ein Zusammenhang?
DER BESUCHER Richtig. Ich ging mit messerscharfer Logik vor. Ich analysierte zuerst Ihr Werk. Sie sind nicht nur der skandalumwittertste Schriftsteller unserer Epoche, von des-

sen Scheidungen, Liebesabenteuern, Alkoholexzessen und Tigerjagden die Zeitungen berichten, Sie sind auch als Verfasser der schönsten Mordszenen der Weltliteratur berühmt.

DER AUTOR Ich habe nie den Mord allein verherrlicht, es ging mir darum, den Menschen als Ganzes darzustellen, wozu freilich gehört, daß er auch zum Morde fähig ist.

DER BESUCHER Als Detektiv interessiert mich nicht so sehr, was Sie wollten, sondern, was Sie erreichten. Vor Ihnen sah man im Mord allgemein etwas Schreckliches, mit Ihnen gewinnt man auch dieser dunklen Seite des Lebens – oder besser des Sterbens – Größe und Schönheit ab. Man nennt Sie allgemein ›Old Mord und Totschlag‹.

DER AUTOR Nur ein Zeichen meiner Popularität.

DER BESUCHER Und Ihrer Kunst, echte Meistermörder zu erfinden, denen kein Mensch dahinterkommt.

DER AUTOR *neugierig* Sie meinen meine – Eigentümlichkeit, den Verbrecher unentdeckt entkommen zu lassen?

DER BESUCHER Getroffen.

DER AUTOR Hm. Sie lasen meine Romane wie Polizeiberichte?

DER BESUCHER Wie Mörderberichte. Ihre Helden morden weder aus Gewinnsucht noch enttäuschter Leidenschaft. Sie morden aus psychologischem Vergnügen, aus Lebensgenuß, aus Raffinesse, aus Drang nach eigenem Erleben; Motive, welche die herkömmliche Kriminalistik nicht kennt. Sie sind für die Polizei, für den Staatsanwalt buchstäblich zu tief, zu subtil. So vermuten diese Instanzen nicht einmal Mord, denn wo sie keine Motive sehen, gibt es auch kein Verbrechen. Nimmt man nun an, die Morde, die Sie beschreiben, hätten wirklich stattgefunden, so müßten sie der Öffentlichkeit als Selbstmorde, Unglücksfälle oder auch als natürliche Todesfälle erschienen sein.

DER AUTOR Logischerweise.

DER BESUCHER Genau so, wie sie der Öffentlichkeit in Ihren Romanen erscheinen.

DER AUTOR Genau so.

DER BESUCHER An diesem Punkte meiner Untersuchung kam ich mir wie jener spanische Ritter Don –
DER AUTOR Don Quijote.
DER BESUCHER Don Quijote vor, den Sie öfters in Ihren Romanen erwähnen. Er zog aus, weil er die Ritterromane für wirklich nahm, und ich machte mich dran, Ihre Romane für wirklich zu nehmen. Aber ich ließ mich durch nichts abschrekken. ›Und wenn die Welt voll Teufel wär‹ ist immer meine Parole gewesen.
DER AUTOR *begeistert* Großartig! Das ist ja geradezu großartig, was Sie da unternommen haben! *Er klingelt.* Sebastian! Sebastian!
DER SEKRETÄR Herr Korbes wünschen?
DER AUTOR Wir werden die Nacht durcharbeiten müssen. Bieten Sie Herrn Hofer eine Zigarre an. Mit etwas werden wir ihm doch eine Freude bereiten können. Brasil? Havanna?
DER BESUCHER Nein. Nein. Nein. Wenn Sie gestatten, daß ich meinen heimatlichen Stumpen schmauche, den ich mit mir führe?
DER AUTOR Aber natürlich. Sie können gehen, Sebastian, und nehmen Sie diesen Dolch mit. Ich brauche ihn jetzt doch nicht.
DER SEKRETÄR Jawohl, verehrter Meister. *Ab.*
DER BESUCHER Habe das Prunkstück schon längst bemerkt, verehrter –
DER AUTOR Korbes.
DER BESUCHER Verehrter Herr Korbes. Ein Stoß, und jemand ist hin. Es ist äußerst scharf geschliffen.
DER AUTOR Feuer?
DER BESUCHER Genieße aus vollen Zügen.
DER AUTOR Genießen Sie, lieber Hofer, genießen Sie. Doch vor allem erzählen Sie weiter.
DER BESUCHER Ich hatte es nicht leicht, zu einem Resultat zu kommen. Eine minutiöse Kleinarbeit war zu leisten. Zuerst ackerte ich Ihren Roman ›Begegnung in einem fremden Lande‹ durch.

DER AUTOR Meinen ersten Roman.
DER BESUCHER Vor elf Jahren erschienen.
DER AUTOR Für den ich den Bollingenpreis erhielt und den Hitchcock verfilmte.
DER BESUCHER Ich kann nur ausrufen: Welch ein Wurf! Ein französischer Abenteurer, dick, braungebrannt, unrasiert, kahler Riesenschädel, verlumpt, genial und versoffen, lernt eine Dame kennen. Was Piekfeines, wie er sich ausdrückt, Gattin eines deutschen Attachés. Er lockt sie in ein zerfallenes Hotel Ankaras, in eine Absteige übelster Sorte, verführt sie, redet ihr ein, gewaltig in seiner Trunkenheit, ein Homer, ein Shakespeare, das höchste Glück liege in einem gemeinsamen Selbstmord. Sie glaubt an die Leidenschaft, die sie erlebt, betört von seinen wilden Ausbrüchen, nimmt sich das Leben. Im Liebesrausch. Doch er tötet sich nicht. Er zündet sich vielmehr eine Zigarette an und verläßt das Bordell. Er streicht durch verrufene Gassen, verprügelt einen Prediger der Türkenmission, raubt dessen Armenkasse aus und macht sich im Morgengrauen auf nach Persien. Auf Petrolsuche. Diese Handlung mag trivial sein, da mag die ›Neue Zürcher Zeitung‹ recht haben, doch in ihrer Knappheit, in ihrer Phrasenlosigkeit läßt sie Hemingway meilenweit hinter sich.
DER AUTOR *amüsiert* Sie haben nun doch nicht etwa gar in der Türkei nach dieser Geschichte geforscht, lieber Hofer?
DER BESUCHER Es blieb nichts anderes übrig. Ich verschaffte mir mit erheblichen Kosten aus Ankara Zeitungen aus dem Jahre 1954, in welchem Ihr Roman spielt, und ließ sie von einem türkischen Studenten der Eidgenössischen Technischen Hochschule durchsehen.
DER AUTOR Das Ergebnis?
DER BESUCHER Nicht die Gattin eines deutschen, sondern jene eines schwedischen Attachés, eine blonde, etwas reservierte Schönheit, beging Selbstmord. In einem Hotel übelster Sorte. Aus unbekannten Gründen, wie ich richtig vermutete.

DER AUTOR Und der Mann, mit dem sie dieses – Hotel besuchte?
DER BESUCHER Unbekannt – Doch muß es sich nach den Aussagen des Portiers um ein Individuum deutscher Sprache gehandelt haben. Auch wurde wirklich ein Prediger der Türkenmission verprügelt, doch war er in einem zu bejammernswerten Zustand, um genaue Angaben über das Verschwinden der Armenkasse machen zu können. Dann untersuchte ich ›Mister X langweilt sich‹.
DER AUTOR Die Lieblingslektüre Churchills.
DER BESUCHER Ihr zweiter Roman. Ein Meisterwerk. Mister X, einst ein Strolch, nun ein arrivierter Schriftsteller, Präsident des amerikanischen PEN-Clubs, begegnet in Saint Tropez einem sechzehnjährigen Mädchen. Er ist von der Schönheit und Natürlichkeit des Kindes bezaubert. Die gewaltige Natur, der Spiegel des Meers, die unbarmherzige Sonne läßt ihn zum Urmenschen werden, urmenschlich reagieren. Vergewaltigung, Mord, unermeßlich strömender Regenschauer eines Gewitters. Wohl die bezauberndsten und entsetzlichsten Seiten zugleich, die je geschrieben wurden. Die Sprache wie skizziert, doch von höchster lichter Prägnanz. Der Polizeiapparat, der aufgeboten wird, Motorräder, heranheulende Radiowagen, das Suchen nach dem Mörder, die Verdächtigungen, die allein vor dem Schuldigen haltmachen, der zu berühmt, zu bewundert ist, um die Ahnung der Wahrheit hochkommen zu lassen. Im Gegenteil. Mister X, bevor er nach London dampft, um den Lord-Byron-Preis entgegenzunehmen, nimmt an der Beerdigung teil, mit deren Beschreibung das Werk wie eine antike Tragödie schließt.
DER AUTOR *lächelnd* Lieber Hofer, Sie reden sich da in eine gewaltige Begeisterung hinein.
DER BESUCHER *eindringlich* Neunzehnhundertsiebenundfünfzig, vor zehn Jahren, wurde eine sechzehnjährige Engländerin bei Saint Tropez vergewaltigt und ermordet.
DER AUTOR Und der Mörder?
DER BESUCHER Unbekannt.

DER AUTOR Wie der Mörder der Schwedin?
DER BESUCHER Genau so. *Zögernd* Trotz eines überwältigenden Polizeiapparates.
DER AUTOR *stolz* Trotz.
DER BESUCHER Die offiziellen Stellen besitzen nicht den geringsten Anhaltspunkt.
DER AUTOR Machten Sie weitere Entdeckungen?
DER BESUCHER Darf ich Ihnen ein dahingehendes Verzeichnis überreichen? Eine Liste jener Personen, bei denen ich eine Übereinstimmung mit Gestalten Ihrer Dichtung feststellte. Bitte sehr.
DER AUTOR Das sind – zweiundzwanzig Namen.
DER BESUCHER Sie schrieben auch zweiundzwanzig Romane, verehrter Herr Korbes.
DER AUTOR Alle diese Personen sind tot?
DER BESUCHER Sie schieden teils durch Selbstmord, teils durch Unglücksfall unvermutet aus dem Leben, sehen wir vom Fall der vergewaltigten Engländerin ab.
DER AUTOR Weshalb steht hinter dem Namen der argentinischen Multimillionärin Juana ein Fragezeichen?
DER BESUCHER Diese Frau entspricht der Mercedes, die in Ihrem Roman ›Böse Nächte‹ von Ihrem Helden erwürgt wird. Die Multimillionärin starb jedoch in Ostende eines natürlichen Todes.
DER AUTOR Hm – eine – kostbare – Liste.
DER BESUCHER Das Resultat zehnjähriger kriminalistischer Arbeit. Dazu kommt eine weitere merkwürdige Tatsache. Alle diese Selbstmorde und Unglücksfälle spielten sich an Orten ab, in denen Sie – verehrter Herr Korbes – auch weilten.
DER AUTOR *etwa wie ein ertappter Schuljunge* So.
DER BESUCHER Sie waren in Ankara, als die Schwedin, in Saint-Tropez als die Engländerin starb, an all den andern zwanzig Orten, als die andern zwanzig starben. Ich erinnere nur an Minister von Wattenwil in Davos, an Fürstin Windischgräz in Biarritz, an Lord Liverpool in Split –

DER AUTOR All die, die auf der Liste stehen.
DER BESUCHER Ohne Ausnahme.
DER AUTOR Sie zogen mir nach, Herr Hofer?
DER BESUCHER Wollte ich kein Dilettant sein, mußte ich Ihnen nachziehen. Von Ferienort zu Ferienort, von einem teuren Bad ins andere.
DER AUTOR Sie hielten sich also nicht nur in Adelboden und Baden-Baden auf?
DER BESUCHER Ich war überall, wo Sie auch weilten.
DER AUTOR *neugierig* War dies nicht äußerst kostspielig?
DER BESUCHER Ruinös. Dabei waren meine Mittel kärglich, meine Pension, bei den Riesensummen, die die Firma Oechsli und Trost verdient, lächerlich. Ich mußte haushalten, Entbehrungen auf mich nehmen. Manche Reise sparte ich mir buchstäblich, verehrter –
DER AUTOR *ermahnend* Korbes.
DER BESUCHER Verehrter Herr Korbes, vom Munde ab. Nur Südamerika vor sieben Jahren war mir zu unerschwinglich, und dann natürlich Ihre jährlichen Exkursionen in den indischen und afrikanischen Dschungel –
DER AUTOR Macht nichts, lieber Hofer. Da jag ich auch nur Tiger und Elefanten.
DER BESUCHER Doch sonst war ich immer in Ihrer Nähe.
DER AUTOR Offensichtlich.
DER BESUCHER Wo wir auch weilten, Sie in einem Luxushotel, ich in einer schäbigen Pension, erfolgte ein Unglücksfall, den Sie nachträglich als Mord beschrieben.
DER AUTOR Lieber Hofer, Sie sind einer der erstaunlichsten Menschen, der mir je begegnet ist.
DER BESUCHER Es stellte sich mir denn auch – naturgemäß – die Frage, wie diese – Verbindungen zwischen Ihren Werken und der Wirklichkeit zustande gekommen sein könnten.
DER AUTOR Allerdings.
DER BESUCHER Bei konsequenter logischer Durchdringung der Materie stieß ich auf zwei Möglichkeiten. Entweder nahmen

Sie Personen aus der Wirklichkeit zum Modell Ihrer Geschichten, oder Ihre Geschichten spielten sich auch in der Wirklichkeit so ab, wie Sie sie schrieben.
DER AUTOR Zugegeben.
DER BESUCHER *gewichtig* Diese zweite These angenommen, wären Ihre Geschichten, die jedermann als Schöpfungen Ihrer sprudelnden Phantasie bewundert, in Wahrheit Tatsachenberichte. Lange habe ich geschwankt, mich zu dieser These zu entschließen, doch heute weiß ich, daß sie die einzig mögliche ist. Doch damit stellt sich ein neues Problem: Wenn diese Romane Tatsachenberichte sind, müssen auch die Mörder Tatsache sein, was unerbittlich nach der Frage ruft: Wer sind diese Mörder?
DER AUTOR Was haben Sie herausgefunden?
DER BESUCHER *eisern* Wir müssen die verschiedenen Mörder in einen zusammenziehen. Ihre Helden tragen eindeutig die Züge eines Menschen. Gewaltig, mit meist nackter Brust in den entscheidenden Mordstunden, mit kahlem Riesenschädel, die Züge wildbegeistert, Whisky trinkend und stets leicht betrunken, stürmt er durch das barockene Meer Ihrer Prosa.

Schweigen.

DER BESUCHER Sie sind der Mörder.
DER AUTOR Sie wollen damit behaupten, daß ich verschiedene Male –
DER BESUCHER Einundzwanzig Mal.
DER AUTOR Zweiundzwanzigmal.
DER BESUCHER Einundzwanzigmal. Die argentinische Multimillionärin bildet eine Ausnahme.
DER AUTOR Nun gut. Fast zweiundzwanzigmal gemordet habe?
DER BESUCHER Es ist meine felsenfeste Überzeugung. Ich sitze nicht nur einem der bedeutendsten Dichter, sondern auch einem der bedeutendsten Mörder aller Zeiten gegenüber.

DER AUTOR *nachdenklich* Zweiund –
DER BESUCHER *hartnäckig* Einundzwanzigmal.
DER AUTOR Einundzwanzigmal. Wenn man dies so hört –
DER BESUCHER Man wird ganz andächtig dabei, verehrter Meister.

Stille.

DER AUTOR *lächelnd* Nun, lieber Fürchtegott Hofer, was wollen Sie jetzt eigentlich von mir?
DER BESUCHER Verehrter Herr Korbes. Meine Entdeckung ist heraus. Ich kann aufatmen. Ich habe vor diesem Augenblick gezittert, doch ich habe mich nicht getäuscht. Ich sehe Sie gefaßt, mir weiterhin freundlich zugetan. Lassen Sie mich deshalb auch weiterhin mit fürchterlicher Offenheit reden.
DER AUTOR Bitte.
DER BESUCHER Ich hatte anfangs nichts anderes im Sinne, als Sie der öffentlichen Gerechtigkeit zu übergeben.
DER AUTOR Haben Sie Ihren Sinn geändert?
DER BESUCHER Jawohl, verehrter Meister.
DER AUTOR Weshalb?
DER BESUCHER Ich habe Sie nun zehn Jahre beobachtet. Ich sah, mit welcher Meisterschaft Sie Ihrer Leidenschaft nachgingen, mit welcher Überlegenheit Sie Ihre Opfer wählten, mit welcher Gelassenheit Sie ans Werk gingen.
DER AUTOR Sie bewundern mich?
DER BESUCHER Unendlich.
DER AUTOR Als Mörder oder als Schriftsteller?
DER BESUCHER Sowohl kriminalistisch als auch literarisch. Je mehr ich auf Ihre kriminellen Schliche komme, desto mehr lerne ich Ihre dichterischen Finessen schätzen. Ich bin entschlossen, Ihrer Kunst ein ungeheuerliches Opfer zu bringen.
DER AUTOR Das wäre?
DER BESUCHER *still und einfach* Ich bin bereit, auf das höchste Glück zu verzichten: auf meinen Ruhm.

DER AUTOR Sie wollen mich nicht anzeigen?
DER BESUCHER Ich verzichte darauf.
DER AUTOR Und was erwarten Sie für eine Gegenleistung?
DER BESUCHER Eine kleine – Anerkennung.
DER AUTOR In welcher Form?
DER BESUCHER Ich bin – bankrott. Ich habe meiner Kunst alles geopfert. Ich bin unfähig, ein Leben weiter zu führen, an das ich mich im Dienste der kriminalistischen Wissenschaft gewöhnt habe. Ich kann es mir nicht mehr leisten, von einem teuren Badeort in den andern zu ziehen. Ich bin gezwungen, mit Schimpf und Schande nach Ennetwyl bei Horck zurückzukehren, als eine gescheiterte Existenz, wenn Sie nicht – *Er zaudert.*
DER AUTOR Fahren Sie fort.
DER BESUCHER Wenn Sie nicht meiner Pension von Oechsli und Trost zusätzlich ein kleines Taschengeld beisteuern, verehrter Herr Korbes, so sechshundert oder siebenhundert Schweizerfranken im Monat, damit ich – diskret – weiterhin an Ihrem Leben teilnehmen darf als Ihr Bewunderer und Mitwisser.

Schweigen.

DER AUTOR Mein lieber Fürchtegott Hofer. Auch ich will Ihnen nun ein Geständnis machen, auch ich will nun mit fürchterlicher Offenheit reden, wie Sie sich ausdrücken. Sie sind zweifellos der größte Detektiv, dem ich je begegnet bin. Ihr Scharfsinn, Ihre kriminalistischen Talente führen Sie nicht in die Irre. Ich gestehe.

Schweigen.

DER BESUCHER Sie geben es zu?
DER AUTOR Ich gebe es zu.
DER BESUCHER Die Schwedin?

DER AUTOR Die Schwedin.
DER BESUCHER Die junge Engländerin?
DER AUTOR Auch die.
DER BESUCHER Die Fürstin Windischgräz?
DER AUTOR Ebenso. Und auch die argentinische Multimillionärin.
DER BESUCHER Tut mir leid. Die muß ich ausschließen.
DER AUTOR Mein Herr –
DER BESUCHER Sie wissen genau, daß Sie da mogeln, verehrter Meister.
DER AUTOR Also gut. Die Multimillionärin nicht.
DER BESUCHER Sonst haben Sie alle einundzwanzig Morde begangen?
DER AUTOR Alle einundzwanzig. Ich lasse mich nicht lumpen.

Schweigen.

DER BESUCHER *andächtig* Es ist dies die feierlichste Stunde meines Lebens.
DER AUTOR Sie haben recht. Die feierlichste Stunde Ihres Lebens. Doch dies vielleicht in einem etwas anderen Sinne als Sie glauben.

Aus der Schlafzimmertüre rennt eine junge Dame verzweifelt durch den Raum und verschwindet.

DIE JUNGE DAME Maximilian Friedrich, ich muß einfach zu Papa.
DER BESUCHER War dies nicht die reizende Tochter des englischen Obersten im Zimmer nebenan, die eben bloßfüßig vorüberhuschte?
DER AUTOR Gewiß?
DER BESUCHER Ihr nächstes Opfer?
DER AUTOR Kaum. Mein nächstes Opfer ist jemand anders.

Vergessen Sie nicht, Herr Hofer, daß Sie trotz der Richtigkeit Ihrer Untersuchung einen Fehler begingen. Haben Sie sich nie überlegt, es könnte gefährlich sein, mit Ihrem Wissen um mein – Privatleben bei mir vorzusprechen?

DER BESUCHER Sie meinen, daß Sie mich – ermorden könnten?

DER AUTOR Genau das.

DER BESUCHER Aber natürlich, verehrter Herr Korbes. Ich habe an diese Gefahr gedacht. Und ich habe seelenruhig alle erdenklichen Vorsichtsmaßnahmen getroffen, die Lage sondiert. Über Ihnen logiert ein berühmtes Fräulein vom Film aus Amerika, rechts ein englischer Oberst, links eine bürgerliche Witwe.

DER AUTOR Pardon, eine verwitwete Herzogin.

DER BESUCHER Irrtum, forschte nach: Ihr Mann war Portier eines Genfer Etablissements, und unter Ihnen wohnt der lungenkranke Erzbischof von Cernowitz. Ein Hilferuf – und ein Skandal bricht los, der die Welt erschüttert. Deshalb müßten Sie mich lautlos umbringen. Es käme nur Vergiftung in Frage.

DER AUTOR Verstehe. Deshalb haben Sie also kein Getränk zu sich genommen?

DER BESUCHER Deshalb. Es fiel mir nicht leicht. Ich bete Whisky geradezu an.

DER AUTOR Auch keine Zigarre geraucht.

DER BESUCHER Den Tenor Lorenz Hochsträßer haben Sie schließlich mit einer besonders leichten Havanna vernichtet, die mit einem indianischen Gift durchtränkt war.

DER AUTOR Mein lieber Fürchtegott Hofer. Sie vergessen, daß Sie aus Ennetwyl bei Horck kommen.

DER BESUCHER Unterschätzen Sie dieses Dorf nicht. Ennetwyl ist durchaus weltaufgeschlossen und weist ein reges kulturelles Leben auf.

DER AUTOR Gerade darum. Vor allem Orte mit einem regen kulturellen Leben sind heutzutage hinter dem Mond, sonst hätten Sie von der Sinnlosigkeit Ihrer Nachforschungen wissen müssen. *Er schenkt sich Whisky ein.* Sie haben nur bewiesen, was keines Beweises bedarf.

Schweigen.

DER BESUCHER *bestürzt* Sie wollen damit sagen –
DER AUTOR Jawohl. Was Sie als Ihr Geheimnis betrachten, weiß die Welt schon lange.
DER BESUCHER *außer sich* Das ist unmöglich. Ich habe alle seriösen Zeitungen aufs genaueste durchforscht und nicht den geringsten Hinweis gefunden.
DER AUTOR Die Wahrheit finden Sie heutzutage nur in den Klatschzeitungen, Fürchtegott Hofer. Sie sind voll von meinen Morden. Glauben Sie, daß die Menschen meine Werke verschlingen würden, wenn sie nicht wüßten, daß ich nur Morde beschreibe, die ich begehe?
DER BESUCHER Aber verehrter Meis –
DER AUTOR Korbes.
DER BESUCHER Verehrter Herr Korbes – Dann wären Sie doch längst verhaftet!
DER AUTOR *verwundert* Warum denn?
DER BESUCHER *verzweifelt* Weil Sie doch gemordet haben! Massenhaft!
DER AUTOR Na und? Wir waren seit jeher im Sinne der bürgerlichen Moral Ungeheuer! Denken Sie an Goethe, Balzac, Baudelaire, Verlaine, Rimbaud, Edgar Allan Poe. Doch nicht nur das. Entsetzte sich die Welt anfangs noch, bewunderte sie uns mit der Zeit immer mehr, gerade weil wir Ungeheuer sind. Wir stiegen dermaßen in der sozialen Stufenleiter, daß man uns wie höhere Wesen bestaunt. Die Gesellschaft hat uns nicht nur akzeptiert, sie interessiert sich auch fast nur noch für unseren Lebenswandel. Wir sind der Wunschtraum von Millionen geworden, als Menschen, die sich alles erlauben dürfen, alles erlauben sollen. Unsere Kunst ist nur der Freipaß für unsere Laster und Abenteuer.

Glauben Sie, ich hätte den Nobelpreis für die Novelle ›Der Mörder und das Kind‹ erhalten, wenn ich nicht selbst dieser Mörder wäre? Sie sehen diese Briefe. Sie liegen haufenweise in meinem Zimmer herum. Damen der höchsten Gesellschaft, Bürgersfrauen, Dienstmädchen bieten sich in ihnen an, sich von mir ermorden zu lassen.

DER BESUCHER Ich träume.

DER AUTOR So erwachen Sie endlich. Daß der Schriftsteller an der Sprache, an der Form arbeite, glauben nur Kritiker. Die wahre Literatur beschäftigt sich nicht mit Literatur, sie hat die Menschheit zu befriedigen. Die dürstet nicht nach einer neuen Form, oder nach sprachlichen Experimenten, und am wenigsten nach Erkenntnissen, die dürstet nach einem Leben, das die Hoffnung nicht braucht, weil es die Hoffnung nicht mehr gibt, nach einem Leben so prall an Erfüllung, an Augenblick, an Spannung, an Abenteuer, wie es in unserer Maschinenwelt der Masse nicht mehr die Wirklichkeit, sondern nur noch die Kunst liefern kann. Die Literatur ist eine Droge geworden, die ein Leben ersetzt, das nicht mehr möglich ist. Doch um diese Droge herzustellen, müssen leider die Schriftsteller das Leben führen, das sie beschreiben, und daß dies einem mit der Zeit – besonders wenn man ein gewisses Alter erreicht hat – höllenmäßig zusetzt, können Sie mir glauben.

In der Eingangstüre erscheint eine weitere junge Dame.

DIE ZWEITE JUNGE DAME Maximilian Friedrich.
DER AUTOR Hinaus!

Die zweite junge Dame verschwindet ebenfalls.

DER AUTOR Das war die Filmschauspielerin aus Amerika. Als junger Mann versuchte ich mich als strenger Stilist. Einige Lokalredaktoren klopften mir auf die Achsel, sonst interessierte sich kein Hund für mich. Mit Recht. Ich gab die Schriftstellerei auf und trieb mich als gescheiterte Existenz herum, ging auf Petrolsuche nach Persien. Doch auch hier versagte ich. So blieb mir nichts anderes übrig, als mein Leben zu beschreiben. Ich dachte, ich würde verhaftet. Der erste, der mir gratulierte und mir eine bedeutende Summe vorstreckte, war der schwedische Attaché, und mein Liebesabenteuer mit seiner Frau wurde mein erster Welterfolg. So, und nun nehmen Sie auch einen Whisky, da Sie ihn ja geradezu anbeten.

Er schenkt ein.

DER BESUCHER Danke – ich bin – ich weiß nicht – danke –
DER AUTOR Wie ich nun begriff, was die Welt wollte, habe ich ihr von nun an das Gewünschte geliefert. Ich schrieb nur noch mein Leben. Ich ließ meinen Stil fallen, um ohne Stil zu schreiben, und siehe, da besaß ich auf einmal Stil. So wurde ich berühmt, doch mein Ruhm zwang mich, ein immer wilderes Leben zu führen, weil man mich in immer abscheulicheren Situationen sehen, durch mich all das erleben wollte, was verboten war. Und so wurde ich zum Massenmörder! Alles, was nun geschah, diente meinem Ruhme. Man hat meine Bücher eingestampft, der Vatikan setzte sie auf den Index, die Auflagen wurden immer größer. Und nun kommen Sie! Mit Ihrer lächerlichen Beweisführung, daß meine Romane der Wahrheit entsprächen. Bei keinem Gericht der Welt würden Sie durchdringen, weil die Welt mich so will, wie ich bin. Man würde Sie für verrückt erklären, wie man alle jene für verrückt erklärte, die es schon versuchten! Glauben Sie, Sie seien der erste? Mütter, Gattinnen, Ehemänner, Söhne kamen schon racheschnaubend zu den Rechtsanwälten gestürzt. Noch jeder Prozeß wurde eingestellt, Staatsanwälte, Justizminister, ja Staatspräsidenten griffen zu meinen Gunsten im Namen der Kunst siegreich ein.

Noch jeder machte sich lächerlich, der mich vor ein Gericht zu schleppen versuchte. Sie sind ein Narr, Fürchtegott Hofer. Sie haben auf eine unsagbar sträfliche Weise Ihre Ersparnisse verschleudert. Erwarten Sie von mir nicht, daß ich diese ersetze. Erwarten Sie vielmehr etwas anderes. Schreien Sie um Hilfe!

DER BESUCHER *ängstlich* Um Hilfe?

DER AUTOR Ich habe einen neuen Stoff nötig.

DER BESUCHER Einen neuen Stoff?

DER AUTOR Der neue Stoff sind Sie.

DER BESUCHER Was wollen Sie damit sagen?

DER AUTOR Höchste Zeit, mich in die Arbeit zu stürzen.

DER BESUCHER *grauenerfüllt* Warum ziehen Sie denn auf einmal einen Revolver hervor?

DER AUTOR Immer noch nicht begriffen?

DER BESUCHER Ich gehe, ich gehe ja schon.

DER AUTOR Ich habe den Revolver nicht gezogen, damit Sie gehen, sondern damit Sie sterben.

DER BESUCHER Ich schwöre Ihnen, bei allem was mir heilig ist, daß ich Iselhöhebad auf der Stelle verlassen und nach Ennetwyl zurückkehren werde.

DER AUTOR Sie haben mir die Idee zu einem Hörspiel gegeben, und nun müssen Sie sterben, denn ich schreibe nur, was ich erlebe, weil ich überhaupt keine Phantasie besitze, weil ich nur schreiben kann, was ich erlebe. Durch mich werden Sie in die Weltliteratur eingehen, Fürchtegott Hofer. Millionen werden Sie sehen, wie Sie nun vor mir stehen, angstgeschüttelt, die Augen, den Mund weit aufgerissen, Abgründe, in die Katarakte des Entsetzens stürzen, eine Buchhalterfratze der unendlichen Ahnungslosigkeit, die erlebt, wie sich die Wahrheit ihr Korsett vom Leibe reißt.

DER BESUCHER Hilfe!

Stille.

DER AUTOR Nun? Stürzen die Leute herbei? Kommen Ihnen das Fräulein vom Film, der englische Oberst, der Erzbischof von Cernowitz zu Hilfe?
DER BESUCHER Sie – Sie sind der Satan.
DER AUTOR Ich bin ein Schriftsteller und brauche Geld. Das Hörspiel, das ich über Ihre Ermordung schreiben werde, wird über alle Sender laufen. Ich muß Sie töten. Schon rein finanziell. Glauben Sie, es sei mir ein Vergnügen? Weiß Gott, ich würde tausendmal lieber mit Ihnen eine Flasche Wein trinken unten in der Halle und später etwas kegeln, als die Nacht mit der Beschreibung Ihres Todes hinzubringen.
DER BESUCHER Gnade, verehrter Meister!
DER AUTOR Korbes.
DER BESUCHER Verehrter Herr Korbes, Gnade! Ich flehe Sie an.
DER AUTOR Für die Beschäftigung mit Literatur gibt es keine Gnade.

Der Besucher weicht auf den Balkon zurück.

DER BESUCHER Hilfe!
DER AUTOR *mit mächtiger Stimme* Sie sind der dreiundzwanzigste Fall!
DER BESUCHER Der zweiund –

Gepolter. Dann ein langgezogener verhallender Schrei.

DER BESUCHER Hilfe!

Stille.

DER AUTOR So ein Stümper.
DER SEKRETÄR Herr Korbes! Um Gottes willen, was ist geschehen?
DER AUTOR Mein Besucher hat sich vom Balkon in die Tiefe

gestürzt, Sebastian. Er schien plötzlich von einer panischen Angst erfaßt worden zu sein. Keine Ahnung, weshalb. Doch da kommt schon der Hoteldirektor.

DER HOTELDIREKTOR Verehrter Herr Korbes! Ich bin untröstlich! Sie wurden von einem Individuum belästigt! Es liegt zerschmettert in den Rosen. Der Mann ist dem Portier seit langem als verrückt aufgefallen. Mein Gott, zum Glück wurde durch seinen Sturz niemand verletzt.

DER AUTOR Sorgen Sie dafür, daß mich niemand stört.

DER HOTELDIREKTOR *sich zurückziehend* Aber selbstverständlich, verehrter Herr Korbes, selbstverständlich.

DER AUTOR An die Arbeit, Sebastian. Doch zuerst will ich mir eine Zigarre in Brand stecken.

DER SEKRETÄR Feuer.

DER AUTOR Zünden Sie dieses Verzeichnis an auf dem Tisch.

DER SEKRETÄR Was sind denn dies für Namen?

DER AUTOR Irgendwelche Namen. Geben Sie her. Damit geht es am besten. Danke. – Wir müssen uns beeilen. Morgen packen wir die Koffer. Iselhöhebad hat seine Aufgabe erfüllt, wir fahren nach Mallorca.

DER SEKRETÄR Nach Mallorca?

DER AUTOR Etwas Mittelmeer tut nun gut. Bereit?

DER SEKRETÄR Bereit, Herr Korbes.

DER AUTOR Zuerst noch einen Whisky.

DER SEKRETÄR Bitte sehr.

DER AUTOR Ich diktiere: Meine Damen, meine Herren. Zu Beginn halte ich es für meine Pflicht, Ihnen den Ort dieser vielleicht etwas seltsamen, aber – ich schwöre es – wahren Geschichte zu beschreiben. Zwar ist es nicht ganz ungefährlich, wahre Geschichten zu erzählen, jemand von der Polizei oder gar ein Staatsanwalt könnte schließlich zugegen sein, wenn auch nicht gerade dienstlich, doch darf ich mir dies insofern erlauben, weil ich genau weiß, daß Sie diese meine wahre Geschichte nicht für wahr halten, wenigstens offiziell nicht; denn in Wirklichkeit – inoffiziell sozusagen – wissen

Sie natürlich – Hand aufs Herz – ganz genau, auch der möglicherweise anwesende Staatsanwalt oder Polizist, daß ich nur wahre Geschichten zum besten gebe. Nun, darf ich um eine kleine Anstrengung bitten? Stellen Sie sich den Salon eines Grandhotel-Appartements vor –

Aus Richard Wagners ›Götterdämmerung‹

3. Aufzug, 3. Auftritt

Als der ganze Bühnenraum nur noch von Feuer erfüllt erscheint, verlischt plötzlich der Glutschein, so daß bald bloß ein Dampfgewölk zurückbleibt, welches sich dem Hintergrund zu verzieht und dort am Horizont sich als finstere Wolkenschicht lagert. Zugleich ist vom Ufer her der Rhein mächtig angeschwollen und hat seine Flut über die Brandstätte gewälzt. Auf den Wogen sind die drei Rheintöchter herbeigeschwommen und erscheinen jetzt über der Brandstätte. Hagen, der seit dem Vorgange mit dem Ringe Brünnhildes Benehmen mit wachsender Angst beobachtet hat, gerät beim Anblick der Rheintöchter in höchsten Schreck. Er wirft hastig Speer, Schild und Helm von sich und stürzt wie wahnsinnig in die Flut.

HAGEN Zurück vom Ring!

Woglinde und Wellgrunde umschlingen mit ihren Armen seinen Nacken und ziehen ihn so, zurückschwimmend, mit sich in die Tiefe. Floßhilde, den anderen voran dem Hintergrunde zuschwimmend, hält jubelnd den gewonnenen Ring in die Höhe. Durch die Wolkenschicht, welche sich am Horizont gelagert, bricht ein rötlicher Glutschein mit wachsender Helligkeit aus. Von dieser Helligkeit beleuchtet, sieht man die drei Rheintöchter auf den ruhigeren Wellen des allmählich wieder in sein Bett zurückgetretenen Rheins, lustig mit dem Ringe spielend, im Reigen schwimmen. Aus den Trümmern der zusammengestürzten Halle sehen die Männer und Frauen in höchster Ergriffenheit dem wachsenden Feuerschein am Himmel zu. Als dieser endlich in lichtester Helligkeit leuchtet, erblickt man darin den Saal Walhalls, in welchem die Götter und Helden, ganz nach der Schilderung Waltrautes im ersten Aufzuge, versammelt sitzen. Helle Flammen scheinen in dem Saal der Götter aufzuschlagen. Als die Götter von den Flammen gänzlich verhüllt sind, fällt der Vorhang.

Friedrich Dürrenmatt
im Diogenes Verlag

● **Das dramatische Werk**
in 17 Bänden:

Es steht geschrieben / Der Blinde
Frühe Stücke. detebe 250/1

Romulus der Große
Ungeschichtliche historische Komödie.
Fassung 1980. detebe 250/2

Die Ehe des Herrn Mississippi
Komödie und Drehbuch. Fassung 1980.
detebe 250/3

Ein Engel kommt nach Babylon
Fragmentarische Komödie. Fassung 1980.
detebe 250/4

Der Besuch der alten Dame
Tragische Komödie. Fassung 1980.
detebe 250/5

Frank der Fünfte
Komödie einer Privatbank. Fassung 1980.
detebe 250/6

Die Physiker
Komödie. Fassung 1980. detebe 250/7

*Herkules und der Stall des Augias
Der Prozeß um des Esels Schatten*
Griechische Stücke. Fassung 1980.
detebe 250/8

Der Meteor / Dichterdämmerung
Nobelpreisträgerstücke. Fassung 1980.
detebe 250/9

Die Wiedertäufer
Komödie. Fassung 1980. detebe 250/10

König Johann / Titus Andronicus
Shakespeare-Umarbeitungen. detebe 250/11

Play Strindberg / Porträt eines Planeten
Übungsstücke für Schauspieler.
detebe 250/12

Urfaust / Woyzeck
Bearbeitungen. detebe 250/13

Der Mitmacher
Ein Komplex. detebe 250/14

Die Frist
Komödie. Fassung 1980. detebe 250/15

Die Panne
Hörspiel und Komödie. detebe 250/16

Nächtliches Gespräch mit einem verachteten Menschen / Stranitzky und der Nationalheld / Das Unternehmen der Wega
Hörspiele und Kabarett. detebe 250/17

● **Das Prosawerk**
in 12 Bänden:

Aus den Papieren eines Wärters
Frühe Prosa. detebe 250/18

*Der Richter und sein Henker
Der Verdacht*
Kriminalromane. detebe 250/19

Der Hund / Der Tunnel / Die Panne
Erzählungen. detebe 250/20

Grieche sucht Griechin / Mr. X macht Ferien / Nachrichten über den Stand des Zeitungswesens in der Steinzeit
Grotesken. detebe 250/21

Das Versprechen / Aufenthalt in einer kleinen Stadt
Ein Requiem auf den Kriminalroman und ein Fragment. detebe 250/22

Der Sturz / Abu Chanifa und Anan Ben David / Smithy / Das Sterben der Pythia
Erzählungen. detebe 250/23

Theater
Essays, Gedichte und Reden. detebe 250/24

Kritik
Kritiken und Zeichnungen. detebe 250/25

Literatur und Kunst
Essays, Gedichte und Reden. detebe 250/26

Philosophie und Naturwissenschaft
Essays, Gedichte und Reden. detebe 250/27

Politik
Essays, Gedichte und Reden. detebe 250/28

Zusammenhänge/Nachgedanken
Essay über Israel. detebe 250/29

Außerdem liegt vor:
Über Friedrich Dürrenmatt
Essays, Aufsätze, Zeugnisse und Rezensionen von Gottfried Benn bis Saul Bellow. Chronik und Bibliographie. Herausgegeben von Daniel Keel. detebe 250/30

● **Das zeichnerische Werk**
Bilder und Zeichnungen
Mit einer Einleitung von Manuel Gasser und Kommentaren des Künstlers. Diogenes Kunstbuch

Die Heimat im Plakat
Ein Buch für Schweizer Kinder. Zeichnungen. Mit einem Geleitwort des Künstlers. kunst-detebe 26

Neue deutsche Literatur
im Diogenes Verlag

● **Alfred Andersch**

Die Kirschen der Freiheit. Bericht. detebe 1/1
Sansibar oder der letzte Grund. Roman. detebe 1/2
Hörspiele. detebe 1/3
Geister und Leute. Geschichten. detebe 1/4
Die Rote. Roman. detebe 1/5
Ein Liebhaber des Halbschattens. Erzählungen. detebe 1/6
Efraim. Roman. detebe 1/7
Mein Verschwinden in Providence. Erzählungen. detebe 1/8
Winterspelt. Roman. detebe 1/9
Aus einem römischen Winter. Reisebilder. detebe 1/10
Die Blindheit des Kunstwerks. Essays. detebe 1/11
Ein neuer Scheiterhaufen für alte Ketzer. Kritiken. detebe 1/12
Öffentlicher Brief an einen sowjetischen Schriftsteller, das Überholte betreffend. Essays. detebe 1/13
Neue Hörspiele. detebe 1/14
Einige Zeichnungen. Graphische Thesen. detebe 151
empört euch der himmel ist blau. Gedichte
Wanderungen im Norden. Reisebericht
Hohe Breitengrade oder Nachrichten von der Grenze. Reisebericht
Der Vater eines Mörders. Erzählung
Das Alfred Andersch Lesebuch. detebe 205

Als Ergänzungsband liegt vor:
Über Alfred Andersch. detebe 53

● **Rainer Brambach**

Für sechs Tassen Kaffee. Erzählungen. detebe 161
Kneipenlieder. Mit Frank Geerk und Tomi Ungerer
Wirf eine Münze auf. Gedichte
Moderne deutsche Liebesgedichte. Von Stefan George bis zur Gegenwart. detebe 216

● **Karlheinz Braun und Peter Iden (Hrsg.)**

Neues deutsches Theater. Stücke von Handke und Wondratschek. detebe 18

● **Friedrich Dürrenmatt**

Das dramatische Werk:
Es steht geschrieben / Der Blinde. Frühe Stücke. detebe 250/1
Romulus der Große. Ungeschichtliche historische Komödie. Fassung 1980. detebe 250/2
Die Ehe des Herrn Mississippi. Komödie und Drehbuch. Fassung 1980. detebe 250/3
Ein Engel kommt nach Babylon. Fragmentarische Komödie. Fassung 1980. detebe 250/4
Der Besuch der alten Dame. Tragische Komödie. Fassung 1980. detebe 250/5
Frank der Fünfte. Komödie einer Privatbank. Fassung 1980. detebe 250/6
Die Physiker. Komödie. Fassung 1980. detebe 250/7
*Herkules und der Stall des Augias
Der Prozeß um des Esels Schatten.* Griechische Stücke. Fassung 1980. detebe 250/8
Der Meteor / Dichterdämmerung. Nobelpreisträgerstücke. Fassung 1980. detebe 250/9
Die Wiedertäufer. Komödie. Fassung 1980. detebe 250/10
König Johann / Titus Andronicus. Shakespeare-Umarbeitungen. detebe 250/11
Play Strindberg / Porträt eines Planeten. Übungsstücke für Schauspieler. detebe 250/12
Urfaust / Woyzeck. Bearbeitungen. detebe 250/13
Der Mitmacher. Ein Komplex. detebe 250/14
Die Frist. Komödie. Fassung 1980. detebe 250/15
Die Panne. Hörspiel und Komödie. detebe 250/16
Nächtliches Gespräch mit einem verachteten Menschen / Stranitzky und der Nationalheld / Das Unternehmen der Wega. Hörspiele. detebe 250/17

Das Prosawerk:
Aus den Papieren eines Wärters. Frühe Prosa. detebe 250/18
Der Richter und sein Henker / Der Verdacht. Kriminalromane. detebe 250/19
Der Hund / Der Tunnel / Die Panne. Erzählungen. detebe 250/20

Grieche sucht Griechin / Mr. X macht Ferien. Grotesken. detebe 250/21
Das Versprechen / Aufenthalt in einer kleinen Stadt. Erzählungen. detebe 250/22
Der Sturz. Erzählungen. detebe 250/23
Theater. Essays, Gedichte und Reden. detebe 250/24
Kritik. Kritiken und Zeichnungen. detebe 250/25
Literatur und Kunst. Essays, Gedichte und Reden. detebe 250/26
Philosophie und Naturwissenschaft. Essays, Gedichte und Reden. detebe 250/27
Politik. Essays, Gedichte und Reden. detebe 250/28
Zusammenhänge/Nachgedanken. Essay über Israel. debete 250/29

Als Ergänzungsband liegt vor:
Über Friedrich Dürrenmatt. detebe 250/30

● **Herbert Eisenreich**
Die Freunde meiner Frau. Erzählungen. detebe 172

● **Heidi Frommann**
Innerlich und außer sich. Bericht aus der Studienzeit

● **Otto Jägersberg**
Cosa Nostra. Stücke. detebe 22/1
Weihrauch und Pumpernickel. Ein westpfählisches Sittenbild. detebe 22/2
Nette Leute. Roman. detebe 22/3
Der letzte Biß. Erzählungen. detebe 22/4
Land. Ein Lehrstück. detebe 180/1
Seniorenschweiz. Ein Lehrstück. detebe 180/3
Der industrialisierte Romantiker. Ein Lehrstück. detebe 180/4

● **Hermann Kinder**
Der Schleiftrog. Roman. detebe 206
Du mußt nur die Laufrichtung ändern. Erzählung. detebe 177
Vom Schweinemut der Zeit. Roman

● **Jürgen Lodemann**
Anita Drögemöller und Die Ruhe an der Ruhr. Roman. detebe 121
Lynch und Das Glück im Mittelalter. Roman. detebe 222
Familien-Ferien im Wilden Westen. Ein Reisetagebuch. detebe 176
Im Deutschen Urwald. Essays, Aufsätze, Erzählungen

● **Fanny Morweiser**
Lalu lalula, arme kleine Ophelia. Erzählung. detebe 183/1
La vie en rose. Roman. detebe 183/2
Indianer-Leo. Geschichten. detebe 183/3
Ein Sommer in Davids Haus. Roman
Die Kürbisdame. Kleinstadt-Trilogie

● **Walter E. Richartz**
Meine vielversprechenden Aussichten. Erzählungen
Prüfungen eines braven Sohnes. Erzählung
Der Aussteiger. Prosa
Reiters Westliche Wissenschaft. Roman
Tod den Ärtzten. Roman. detebe 26
Noface – Nimm was du brauchst. Roman. detebe 227
Büroroman. detebe 175
Das Leben als Umweg. Erzählungen. detebe 116
Shakespeare's Geschichten. detebe 220/1
Vorwärts ins Paradies. Essays. detebe 162

● **Herbert Rosendorfer**
Über das Küssen der Erde. Prosa. detebe 10/1
Der Ruinenbaumeister. Roman. detebe 10/2
Skaumo. Erzählung. detebe 10/3

● **Walter Vogt**
Husten. Erzählungen. detebe 182/1
Wüthrich. Roman. detebe 182/2
Melancholie. Erzählungen. detebe 182/3

● **Urs Widmer**
Alois. Erzählung
Die Amsel im Regen im Garten. Erzählung
Vom Fenster meines Hauses aus. Prosa
Das Normale und die Sehnsucht. Essays und Geschichten. detebe 39/1
Die lange Nacht der Detektive. Ein Stück. detebe 39/2
Die Forschungsreise. Roman. detebe 39/3
Schweizer Geschichten. detebe 39/4
Nepal. Ein Stück. detebe 39/5
Die gelben Männer. Roman. detebe 39/6
Züst oder die Aufschneider. Ein Traumspiel. detebe 39/7
Shakespeare's Geschichten. detebe 220/2
Das Urs Widmer Lesebuch. detebe 221

● **Hans Wollschläger**
Die bewaffneten Wallfahrten gen Jerusalem.
Geschichte der Kreuzzüge. detebe 48
Karl May. Eine Biographie. detebe 112
Die Gegenwart einer Illusion. Essays.
detebe 113

In Vorbereitung:
Herzgewächse oder Der Fall Adams. Roman.

● **Das Diogenes Lesebuch moderner deutscher Erzähler**
Band I: Geschichten von Arthur Schnitzler bis Erich Kästner. detebe 208/4
Band II: Geschichten von Andersch bis Kinder. Mit einem Nachwort von Fritz Eicken ›Über die Verhunzung der deutschen Literatur im Deutschunterricht‹.
detebe 208/5

Theorie · Philosophie · Historie · Theologie
Politik · Polemik
in Diogenes Taschenbüchern

● **Andrej Amalrik**
Kann die Sowjetunion das Jahr 1984 erleben?
detebe 5

● **Alfred Andersch**
Öffentlicher Brief an einen sowjetischen Schriftsteller, das Überholte betreffend
Reportagen und Aufsätze. detebe 1/13

Einige Zeichnungen
Graphische Thesen am Beispiel einer Künstlerin. Mit Zeichnungen von Gisela Andersch. detebe 151

Die Blindheit des Kunstwerks
Literarische Essays und Aufsätze.
detebe 1/11

Ein neuer Scheiterhaufen für alte Ketzer
Kritiken und Rezensionen. detebe 1/12

● **Angelus Silesius**
Der cherubinische Wandersmann
Ausgewählt und eingeleitet von Erich Brock.
detebe 204

● **Anton Čechov**
Die Insel Sachalin
Ein politischer Reisebericht. Deutsch von Gerhard Dick. detebe 50/20

● **Raymond Chandler**
Die simple Kunst des Mordes
Briefe, Essays, Fragmente. Deutsch von Hans Wollschläger. detebe 70/5

● **Friedrich Dürrenmatt**
Theater
Essays, Gedichte und Reden. detebe 250/24

Kritik
Kritiken und Zeichnungen. detebe 250/25

Literatur und Kunst
Essays, Gedichte und Reden. detebe 250/26

Philosophie und Naturwissenschaft
Essays, Gedichte und Reden. detebe 250/27

Politik
Essays, Gedichte und Reden. detebe 250/28

Zusammenhänge/Nachgedanken
Essay über Israel. detebe 250/29

● **Meister Eckehart**
Deutsche Predigten und Traktate
in der Edition von Josef Quint. detebe 202

● **Albert Einstein &
Sigmund Freud**
Warum Krieg?
Ein Briefwechsel. Mit einem Essay von Isaac Asimov. detebe 28

● **Federico Fellini**
Aufsätze und Notizen
Herausgegeben von Christian Strich und Anna Keel. detebe 55/6

● **Franz von Assisi**
Sonnengesang · Testament · Ordensregeln · Briefe · Fioretti
in der Edition von Wolfram von den Steinen, deutsch von Wolfram von den Steinen und Max Kirschstein. detebe 201

● **Das Karl Kraus Lesebuch**
Ein Querschnitt durch die Fackel
Herausgegeben und mit einem Essay von Hans Wollschläger.
detebe 219

● **D. H. Lawrence**
Pornographie und Obszönität
und andere Essays über Liebe, Sex und Emanzipation. Deutsch von Elisabeth Schnack. detebe 11

● **Fritz Mauthner**
Wörterbuch der Philosophie
in zwei Bänden, detebe 215/1-2

● **Liam O'Flaherty**
Ich ging nach Rußland
Ein politischer Reisebericht. Deutsch von Heinrich Hauser. detebe 16

● **George Orwell**
Im Innern des Wals
Ausgewählte Essays I. Deutsch von Felix Gasbarra und Peter Naujack. detebe 63/2

Rache ist sauer
Ausgewählte Essays II. Deutsch von Felix Gasbarra, Peter Naujack und Claudia Schmölders. detebe 63/3

Mein Katalonien
Bericht über den Spanischen Bürgerkrieg. Deutsch von Wolfgang Rieger. detebe 63/4

Erledigt in Paris und London
Sozialreportage aus dem Jahr 1933. Deutsch von Helga und Alexander Schmitz. detebe 63/5

● **Walter E. Richartz**
Vorwärts ins Paradies
Aufsätze zu Literatur und Wissenschaft. detebe 162

● **Arthur Schopenhauer**
Zürcher Ausgabe
Studienausgabe der Werke in zehn Bänden nach der historisch-kritischen Edition von Arthur Hübscher. detebe 140/1-10

Dazu ein Band
Über Arthur Schopenhauer
Essays und Zeugnisse von Jean Paul bis Hans Wollschläger. detebe 151

● **Teresa von Avila**
Die innere Burg
in der Neuedition und -übersetzung von Fritz Vogelgsang. detebe 203

● **Henry David Thoreau**
Walden oder das Leben in den Wäldern
Deutsch von Emma Emmerich und Tatjana Fischer. Vorwort von Walter E. Richartz. detebe 19/1

Über die Pflicht zum Ungehorsam gegen den Staat
Ausgewählte Essays. Herausgegeben, übersetzt und mit einem Nachwort von Walter E. Richartz. detebe 19/2

● **H. G. Wells**
Die Geschichte unserer Welt
Ein historischer Grundriß. Deutsch von Otto Mandl u.a. detebe 67/4

● **Urs Widmer**
Das Normale und die Sehnsucht
Essays und Geschichten. detebe 39/1

● **Oscar Wilde**
Der Sozialismus und die Seele des Menschen
Ein Essay. Deutsch von Gustav Landauer und Hedwig Lachmann. detebe 3

● **Hans Wollschläger**
Die bewaffneten Wallfahrten gen Jerusalem
Geschichte der Kreuzzüge. detebe 48

Die Gegenwart einer Illusion
Reden gegen ein Monstrum. detebe 113